# *Amar.com*

**Relacionamento
nos tempos da internet**

Caro leitor,
Queremos saber a sua opinião sobre nossos livros. Após a sua leitura, acesse nosso site (www.editoragente.com.br), cadastre-se e contribua com sugestões, críticas e elogios.

Boa leitura!

José Antonio Ramalho   Daniela Mantegari

# *Amar.com*

Relacionamento
nos tempos da internet

**Diretor-Geral**
Henrique José Branco Brazão Farinha

**Gerente Editorial**
Eduardo Viegas Meirelles Villela

**Editor-Assistente**
Cláudia Elissa Rondelli

**Editor de Desenvolvimento de Texto**
Juliana Nogueira Luiz

**Editor de Produção Editorial**
Rosângela de Araujo Pinheiro Barbosa

**Controle de Produção**
Elaine Cristina Ferreira de Lima

**Preparação**
Veridiana Maenaka

**Revisão**
Adriana Parra

**Projeto Gráfico e Editoração**
ERJ Composição Editorial

**Capa**
Fernando Vilela

**Ilustração de capa**
Estúdio Nine/Ine Nakamura e Nelise Cardoso

**Impressão**
Paulus Gráfica

Copyright © 2009 by José Antonio Ramalho e Daniela Mantegari.
Todos os direitos desta edição são reservados à Editora Gente.
Rua Pedro Soares de Almeida, 114
São Paulo, SP — CEP 05029-030
Telefone: (11) 3670-2500
Site: http://www.editoragente.com.br
E-mail: gente@editoragente.com.br

---

Dados Internacionais de Catalogação na Publicação (CIP)
(Câmara Brasileira do Livro, SP, Brasil)

Ramalho, José Antonio
    Amar.com – Relacionamento nos tempos da internet / José Antonio Ramalho, Daniela Mantegari. – São Paulo: Editora Gente, 2009.

    ISBN 978-85-7312-663-1

    1. Amor  2. Casamento  3. Comunicação interpessoal  4. Escolha do companheiro  5. Internet (Rede de computadores)  6. Relações interpessoais I. Mantegari, Daniela.  II. Título.

09-10868                       CDD-158.2

---

Índices para catálogo sistemático:
1. Sites de relacionamento: Relacionamento amoroso:
Relações interpessoais: Psicologia aplicada 158.2

# Sumário

**Introdução** ........................................................ vii

**Capítulo 1**
**Os Sites de Relacionamento** ............................... 1
Uma breve introdução sobre como a tecnologia ajuda as
pessoas a se relacionarem melhor. Como funciona um site
de relacionamento.

**Capítulo 2**
**O Perfil** ............................................................... 9
A criação do perfil do usuário, em etapas e com exemplos,
formas de se apresentar nos sites baseado em perfis
pesquisados na internet.

**Capítulo 3**
**Pesquisando Perfis** ............................................ 43
A busca de perfis, a forma ativa de encontrar alguém
dentro do site.

**Capítulo 4**
**O Primeiro Contato** ........................................... 63
Você tem uma pessoa interessante à sua frente. Qual
o próximo passo?

**Capítulo 5**
**Encontros** ........................................................... 85
Descrição de encontros de usuários de sites
de relacionamento.

**Capítulo 6**
**Casos Reais** ...................................................... 107
Histórias de pessoas que se conheceram e construíram
um relacionamento através da internet.

**Capítulo 7 Algumas Palavras Finais** ................. 125

# Introdução

Com tanta gente disponível, talvez você se pergunte: "Por que ainda estou solteiro?".

Encontrar alguém especial tem sido difícil. As distâncias estão cada vez maiores. O trânsito caótico dos grandes centros desestimula a locomoção. Algumas vezes o dinheiro está curto. O trabalho deixa as pessoas exaustas e sobra pouco tempo para conhecer outras.

Apesar de tudo isso, ficar em casa não é a melhor opção para encontrar alguém. Você precisa ver e ser visto. Se decidir sair, precisa enfrentar uma maratona: arrumar-se, escolher um local, deslocar-se, estacionar, pegar fila e só então chegar ao destino escolhido.

No entanto, o número de pessoas que você pode conhecer nessa situação é pequeno, mesmo que vá a um lugar lotado e permaneça muitas horas por lá. As opções são escassas por causa da "seleção natural" que você faz ao eliminar pessoas que não o atraem, que se mostram inconvenientes, que fumam, e por aí vão os filtros.

Pensando bem, talvez ficar em casa seja uma maneira interessante de encontrar alguém. Como? Em sites de relacionamento.

Através de uma conexão com a internet você pode conhecer gente nova. Em poucos minutos, sentado confortavelmente em frente ao micro, poderá conhecer várias pessoas simultaneamente e entrar em contato com elas sem perder tempo, na hora que for conveniente. Os sites de relacionamento oferecem a oportunidade de conversar com várias pessoas na intimidade da sua casa sem enfrentar a maratona da paquera convencional.

Na internet, a oferta de pessoas é muito maior se comparada com qualquer situação real. Você tem uma vitrine permanente à sua frente onde você vê e é visto por milhares de pessoas. O contato é rápido e fácil.

Uma conversa começa com um clique. Se nessas conversas surgir alguém interessante, um contato telefônico ou encontro pode ter melhores chances de sucesso, pois você já fez uma triagem.

Mas os contatos via internet são bem diferentes da forma convencional de conhecer alguém, pois o mundo virtual facilita a construção de um relacionamento de forma reversa. Primeiro se estabelece uma ligação afetiva e emocional para depois se viver o lado material e físico da relação.

Às vezes, comendo pipoca ou tomando vinho na frente do micro, construímos castelos. Na internet cada um pode ser o que quiser, e aí reside um dos perigos desse meio.

É nesse universo reverso, atraente e misterioso que muitas novas famílias vão se formar, paixões arderão, muitos corações serão partidos e várias histórias de amor serão vividas.

Como toda novidade, muitas pessoas olham esses sites com desconfiança, mas com as devidas precauções eles podem

# Introdução

se tornar um local para viver boas experiências e dar boas risadas com a exótica mistura que se encontra por lá.

Os sites de relacionamento são como qualquer lugar público onde você deve seguir algumas regras de comportamento. Uma característica muito boa desses sites é que eles se tornam um ponto de encontro onde não existem barreiras sociais, étnicas, religiosas, sexuais ou etárias. Um site de relacionamento junta todos em um só local.

O relacionamento virtual permite que você conheça pessoas fora do seu cotidiano e do seu círculo social. Pessoas que, em circunstâncias normais, você jamais encontraria. Nós, Ramalho e Daniela, somos um exemplo real disso.

Embora vivendo na mesma cidade e com alguns interesses em comum, como a bicicleta, não frequentávamos os mesmos locais nem morávamos perto um do outro para permitir um encontro casual num supermercado ou shopping.

Sem amigos comuns, seria praticamente impossível um encontro numa festa ou outro evento. Mesmo que tivéssemos nos cruzado em algum local da cidade, a agitação do dia a dia não teria permitido que reparássemos um no outro.

É muito bom!

Uma vez dentro de um site de relacionamento, você terá de se policiar, pois as chances de ficar viciado na busca e na espera por um contato de alguém do site é grande e pode lhe tomar muitas horas do dia. A razão é simples: são milhares de usuários que estarão on-line com você buscando a mesma coisa: encontrar alguém! Dois ou três cliques podem lhe oferecer mais de 300 pessoas aparentemente interessantes. Aí começa a maratona virtual da seleção.

Como um imperador romano que determinava a sorte de um gladiador erguendo o polegar para poupar sua vida ou apontando-o para baixo para selar sua sorte, você terá um mouse à sua frente que poderá ser implacável nos cliques para eliminar ou manter vivos, na luta pela sua atenção, centenas de pretendentes. Essa fase é a mais divertida, pois aparecem pessoas de todos os tipos, principalmente aquelas que você jamais imaginaria habitar esse planeta. Mas vale a pena!

Este livro é feito a quatro mãos, por duas pessoas que se conheceram num site de relacionamento e que viveram muitas histórias por lá antes de se encontrarem. Essa vivência proporcionou a nós, os autores, uma rica bagagem de informações que se transformou neste livro.

Nosso objetivo é um só: mostrar como os sites de relacionamento podem ser o local ideal para encontrar um grande amor.

O livro relata experiências e fornece informações que vão ajudá-lo a ter a melhor experiência possível, evitando os erros ou situações embaraçosas que podem ser vividas quando descuidamos dos detalhes. Afinal, quase sempre é melhor aprender com os erros dos outros do que com os nossos.

Ao longo dos capítulos buscamos apresentar o mundo dos sites de relacionamento de uma forma objetiva, mostrando todas as fases de um relacionamento virtual.

Abordamos a escolha do site, seu funcionamento básico e as etapas do cadastramento do perfil do usuário, que é a peça principal para que você possa ser encontrado por outras pessoas. Procuramos mostrar como cada parte do perfil é importante e como uma informação incorreta ou mal formulada pode atrapalhar a sua experiência.

Introdução

Dedicamos um capítulo para discutir as buscas que serão feitas por você para encontrar o seu par.

As diversas fases do relacionamento e as formas mais interessantes de se comunicar com outros usuários são ilustradas com exemplos reais, que lhe darão uma visão do que poderá encontrar num site de relacionamento.

As possibilidades do primeiro encontro também são discutidas por meio de nossas experiências próprias e da de outros usuários dos sites.

Ao final, mostramos algumas histórias que terminaram em casamento, namoro e amizade.

Temos a certeza de que a leitura será divertida, sem deixar de mostrar a mais pura realidade dos sites de relacionamento.

*Daniela Mantegari e José Antonio Ramalho.*

# Capítulo 1

# Os Sites de Relacionamento

Os sites de relacionamento são consequência de um longo progresso da ciência e da necessidade humana de se relacionar com outras pessoas. A história nos mostra que a tecnologia tem mudado a forma das pessoas se encontrar, comunicar-se e desenvolver relacionamentos pessoais.

Hoje em dia, falar com a pessoa amada está muito mais fácil do que há algum tempo. Da invenção da escrita pelos sumérios, há mais de 5 mil anos, até nossos avós, as pessoas dependiam de um mensageiro (mais recentemente, de um carteiro) para se comunicar, caso estivessem distantes.

O telefone fixo foi inventado há mais de cem anos, mas era artigo de luxo até vinte anos atrás e sempre foi difícil, em qualquer época, usar o telefone da família para assuntos de amor.

Uma das músicas de maior sucesso da década de 1970, *Please Mr. Postman*, do grupo The Carpenters, falava de uma garota que aguardava ansiosa a chegada do carteiro na esperança de receber uma carta de seu namorado. Se fosse composta hoje, essa música provavelmente falaria da garota que aguarda ansiosa não no portão de casa, mas à frente do micro, clicando no botão "Ler Mensagens" para saber da chegada de um e-mail de seu namorado.

Hoje, o SMS substitui o correio elegante, o e-mail tomou o lugar do Sr. Carteiro, o Messenger faz as vezes do telegrama e o Skype é o novo telefone. A briga é para ver quem usa o computador. Falar com uma pessoa especial não é mais problema. Mas encontrá-la ainda é.

Bares, festas, trabalho e eventos sociais ainda são os principais locais para o início de um relacionamento.

Porém, a tecnologia vem mudando rapidamente esse panorama. Quem lidera essa mudança são os sites de relacionamento, que têm-se tornado o ponto de encontro de milhões de pessoas que buscam encontrar novos amigos ou um grande amor.

Como toda novidade, esses sites despertam dúvidas e incertezas. Deixamos nos levar por notícias sobre relacionamentos por esse meio que não deram certo. Mas, convenhamos, conhecemos também um monte de histórias amorosas tristes que começaram na vida real. Incluindo nossas próprias histórias. Felizmente, também sabemos de muitas relações que deram certo.

## Como funciona um site de relacionamento virtual

Na paquera virtual é necessário passar por diversas fases, como num vestibular, até encontrar alguém. A primeira delas é se cadastrar num site informando seu perfil e suas preferências pessoais.

Essas informações ficam armazenadas num banco de dados e serão usadas nas buscas feitas por outras pessoas.

Um perfil benfeito pode ser meio caminho andado na busca por uma pessoa especial.

É em torno do banco de dados que o jogo da sedução virtual acontece. Feito o cadastro, começam a busca, o contato, a espera, a primeira conversa, a troca de e-mails, o chat (conversas instantâneas), o telefonema e o primeiro encontro.

Para que isso aconteça, você deve se sentir confortável com as ferramentas que o site oferece.

## A escolha de um site

Se você buscar a expressão "site de relacionamento" em qualquer site de busca, encontrará dezenas deles.

Antes de se cadastrar em algum site, é importante decidir seu objetivo. Alguns sites são mais focados em determinado tipo de relacionamento, considerando aspectos religiosos, sexuais, temáticos ou de amizade.

Você pode se cadastrar em vários, mas, na prática, isso pode ser pouco efetivo, pois acaba dispersando sua energia em diversos lugares. É como ir a várias festas numa só noite.

Do ponto de vista geográfico, alguns são regionais, concentrando pessoas de um país ou continente, e muitos são sites globais com pessoas de todos os cantos do mundo.

Se quer encontrar alguém de outro país, pois deseja se mudar para lá, é melhor se cadastrar num site com foco naquele país.

Quando usávamos sites de relacionamento, recebemos diversos contatos de homens e mulheres de outros países que queriam se relacionar com alguém do Brasil para eventualmente se casar e mudar-se para cá, ou oferecendo situação inversa.

## A importância de comprar uma assinatura

Entrar num site de relacionamento normalmente é de graça. Você faz um cadastro completo, mas suas possibilidades de comunicação ficam limitadas, pois ele restringe as formas de contato. Em linhas gerais, você pode apenas fazer buscas e ser visto por todos.

Com uma assinatura paga, você pode mandar e-mails, chamar outros usuários para uma "conversa" e fornecer dados pessoais como e-mail particular, telefone ou identidade em programas de mensagens instantâneas.

As assinaturas gratuitas normalmente não deixam você enviar ou receber e-mails.

Assinar é fundamental para aproveitar um site de relacionamento se seu propósito é realmente encontrar alguém.

É claro que vale a pena se cadastrar sem pagar para conhecer as características de um site. Você fica lá algum tempo e decide se vale a pena assinar ou não.

Muitas pessoas acabam se cadastrando em mais de um site para avaliar e enfim escolher aquele que mais lhe agrada, outras transitam indefinidamente em vários sites.

A aparência do site, suas ferramentas de busca e o preço da assinatura são fatores importantes que determinam sua escolha.

## Tomando a iniciativa

O importante é você tomar a decisão de testar um site de relacionamento. Você não tem nada a perder, muito pelo contrário. Temos a certeza de que você terá uma ótima experiência, principalmente depois da leitura deste livro.

Uma assinatura de um site custa menos que qualquer outra forma de que você dispõe para encontrar novas pessoas. Pelo preço de uma entrada de cinema você terá milhares de pessoas bacanas ao alcance de um clique.

Uma das suas melhores ferramentas é sua atitude positiva. Sem ela será difícil se conectar emocionalmente com alguém.

# Capítulo 2

# O Perfil

Se você tomou a decisão de se cadastrar, saiba que elaborar o perfil é o começo de uma experiência muito bacana, em que você vai falar sobre si mesmo e fazer que outras pessoas se interessem por você.

O cadastramento num site acontece em duas etapas. Na primeira você registra algumas informações iniciais que vão lhe permitir acessar o site. Na segunda, detalha seus dados e preferências pessoais.

## As informações iniciais

A primeira página do site pedirá meia dúzia de informações. Você deve criar um apelido ou *nickname*, isto é, um nome pelo qual você será identificado de forma única no site. Também deve informar um e-mail através do qual o site se comunicará com você, bem como sua data de nascimento, sexo e se procura homem ou mulher. Com isso, você já poderá fazer buscas dentro do site.

## Completando o cadastro

Preenchidas essas informações, você deverá completar o cadastro. Acreditamos que cinco itens são essenciais e merecem

# AMAR.COM

um cuidado especial, pois são as primeiras informações considderadas por alguém para descartar um pretendente.

# O Perfil

| Sobre quem ricardo9009 busca | |
|---|---|
| Sexo: | Feminino |
| Idade: | 28 a 40 |
| Distância: | No meu país |
| Procuro uma pessoa com altura entre: | 1,60 e 1,75 metros |
| Peso ideal do meu par perfeito: | 51 e 62 quilos |
| O corpo do meu par perfeito deve ser: | Em forma |
| Tom de Pele de meu par perfeito: | Branco/Caucasiano |
| Fumo: | Não fume |
| Estado civil do meu par perfeito: | Solteiro(a) sozinho(a), Separado(a), Divorciado(a) |
| Renda mensal de quem busco: | Tanto faz |
| Formação mínima de quem busco: | Superior completo, Pós-graduado, PHD/pós doutorado |

São elas: a foto, o apelido, a frase de chamada, a apresentação pessoal e o perfil de quem você busca.

A razão é simples. Quando alguém faz uma busca, procurando, por exemplo, por mulheres de 35 a 45 anos que morem em São Paulo, uma lista de centenas de pessoas será exibida com essas poucas informações.

Nesse momento, é importante que quem estiver pesquisando tenha vontade de clicar no seu perfil e não no dos demais que aparecem.

Por incrível que pareça, é nesse ponto que a maioria das pessoas deixa sua cara-metade passar ao largo, pois preencheu o perfil com informações que não são atraentes para os olhos de quem faz a busca.

Nessa etapa, serão perguntadas informações gerais sobre você, incluindo sua descrição física e preferências sobre diversos temas.

Se não tem interesse em história da arte, não marque essa opção, pois você pode receber contatos de muitas pessoas que gostam do tema e que vão se decepcionar ao descobrir que você não entende nada do assunto. Michelangelo pode ser um pintor renascentista ou uma tartaruga ninja!

Se a atividade física mais pesada que você pratica é mover o mouse, não diga que adora praticar exercícios. Pior ainda se disser que gosta de música clássica, sem gostar, e receber um convite para um concerto. Aí não tem conserto.

Passe sempre uma imagem real de quem é você. Mas não exagere. Palavras e fotos impróprias podem afastar muitos pretendentes.

## 2.1 A foto

Você está numa festa e alguém se aproxima, iniciando um bate-papo. Vocês fizeram contato visual e agora a pessoa quer conhecê-lo melhor.

Na internet isso também acontece. A atração visual continua sendo um fator importante. Talvez mais ainda, pois lá não existe a presença física. Sua foto tem de despertar a atenção. As pessoas querem conhecer melhor o outro antes de dar um passo adiante.

Sem foto, poucas chances. Os próprios sites alertam sobre a importância da foto e indicam que as chances de sucesso de um perfil com foto são dez vezes maiores.

Os homens são essencialmente visuais, e muitos perfis deixam clara essa necessidade de ver uma foto através de mensagens diretas dos usuários.

**Homem, 46:** *Sem foto fica impossível, gente. Coloquem fotos... E de corpo inteiro.*

As mulheres sabem disso.

**Mulher, 42:** *Pare de ficar olhando fotografias, já encontrou quem você queria... Eu.*

O impacto da foto é decisivo para os homens clicarem num perfil, mas as mulheres não ficam atrás. Perfis sem fotos têm ínfimas chances de receber a atenção feminina. Isso fica claro em muitos perfis femininos.

**Mulher, 34:** *Olá, só vejo perfis com fotos. Por favor, não insistam.*

**Mulher, 39:** *Somente mensagens com foto (podem ser anexas)... mensagens sem fotos não serão respondidas.*

**Mulher, 31:** *anos: Só respondo perfil com foto, afinal a minha está disponível.*

**Mulher, 42:** *Sem foto no perfil? Sem papo!!!! Desculpe! Leia o perfil.*

É preciso falar mais?

Quando você se cadastra e envia sua foto, ela costuma demorar um ou dois dias para aparecer, pois os sites fazem uma triagem do material enviado para evitar a publicação de fotos impróprias ou ofensivas.

Nesses primeiros dias, o interesse despertado pelo seu perfil será bem menor que aquele depois da aparição da foto.

Alguns usuários tentam contornar essa situação no primeiro e-mail enviado anexando uma foto. Esta é uma atitude muito coerente que pode manter o remetente do e-mail no páreo por atenção.

*Olá, queria conhecer você... Minha foto está em aprovação, mas segue uma em anexo. Beijos*

Sua foto tem de despertar a atenção! Ela deve sempre passar uma imagem real para quem busca seu perfil.

Contudo, uma foto pode transmitir uma imagem que acaba escondendo como você é. Por exemplo, uma foto apenas de rosto pode ocultar alguns quilos a mais, e isso pode ter um efeito negativo adiante.

A maioria das queixas masculinas sobre o primeiro encontro é a de que a pessoa da foto era muito mais magra que aquela que apareceu ao vivo.

Colocar uma foto atual é primordial para não vender gato por lebre.

Um dos perfis que olhamos mostrava uma foto de um homem que não aparentava os 50 anos declarados. Olhando a descrição que ele fazia de si mesmo encontramos a resposta:

**Homem, 50:** *Tenho boa cultura, sou uma pessoa educada, tenho uma formação muito boa, gosto das coisas boas como todo ser humano, mas não entre em contato se o seu perfil não tem foto. Coloque pelo menos alguma coisa, como a minha foto que esta aí com 15 anos de defasagem.*

O usuário foi honesto ao reconhecer o uso de uma foto antiga.

Seu passado é importante, mas as pessoas estão querendo conhecer você no presente. As fotos da formatura podem ser mostradas depois que o namoro engrenar. Aí fica divertido mostrar seu passado.

Use uma boa foto. Nada de fotos tremidas, desfocadas e sem enquadramento.

Muitos usuários recortam fotos tiradas ao lado de outras pessoas e as utilizam como imagem principal. É desanimador ver a foto de um pretendente dividindo o espaço com os cabelos da ex-namorada.

Não contentes, alguns fazem o recorte de fotos tiradas com filhos ou amigos.

## Fotos secundárias

Alguns sites permitem a inclusão de mais de uma foto. A primeira, chamada foto principal, tem de ser uma foto de rosto; as demais podem ser fotos em qualquer situação.

As fotos secundárias devem ser usadas para contar um pouco mais de você. É comum ver usuários que procuram mostrar um estilo de vida através da foto.

Alguns incluem fotos de viagens – a Torre Eiffel e o Coliseu parecem ser a preferência de muitos, assim como locais com neve. Outros mostram fotos praticando seus esportes preferidos.

Há aqueles que buscam exibir seu *status* econômico ou social posando ao lado de lanchas e carros importados.

Será que vale a pena se expor dessa forma? Muitos homens gostam de passar a ideia de bem-sucedidos, mostrando seus bens materiais. É provável que essa foto acabe atraindo a atenção de pessoas interessadas em usufruir desses bens e afaste outras muito bacanas que acham esse tipo de demonstração uma grande bobagem.

## Fotos desanimadoras

Entre todos os tipos de fotos encontradas, algumas são particularmente desanimadoras. As campeãs:

- Fotos de cervejada entre amigos.

- Fotos de sunga e camiseta regata, mostrando um corpo supersarado ou uma grande barriga.
- Foto mostrando a língua com a sobrinha gracinha.
- Foto ao lado de uma mulher chamativa.
- Foto ao lado de pessoas famosas.
- Fotos de mulher deitada na cama segurando um ursinho de pelúcia.
- Fotos com a beca da formatura.
- Fotos 3x4.

### Mantendo a foto atualizada

Se você permanece por muito tempo num site, acaba virando "figurinha carimbada". Os usuários veem as mesmas caras de sempre em suas buscas. Mudar a foto de rosto com alguma frequência pode quebrar a sensação de alguém "velho" no site.

Em nossas buscas recentes nesses sites, encontramos pessoas há mais de cinco ou seis anos com a mesma foto. Lembre-se, você muda com o tempo.

## 2.2 Apelidos ou *nicknames*

O apelido pode ser uma grande pista sobre quem é o usuário. Na hora de criá-lo, considere que alguns são interessantes e atraentes enquanto outros são um sinal de alerta para cair fora.

Embora a maioria dos apelidos tenha um tom de descontração e bom humor, outros mostram claramente a pretensão do usuário ou seu estado civil.

O Perfil

*Executivocasado12* e *casado-procura-amiga* já dizem a que vieram. A menos que você, mulher, esteja querendo uma aventura com um homem casado, este não é um perfil para ser considerado.

Já *divorciado47*, *o-solteiro* ou *viúva55* podem receber um clique seu sem maiores preocupações.

Alguns apelidos indicam profissões, como *arquitetadf*, *dentistapaulo*, *professor-militar*, *doc-cardio*, *roneymotoboy*, *rosana_advogada*.

Lugares de origem ou moradia são fáceis de serem identificados em *gauchinha_26*, *andrefloripa*, *mineiro-seletivo*, *uruguaio-em-sp*, *divapantanal* ou *paulista32*.

Uma autoimagem também pode aparecer no apelido: *lubonitona*, *morenacharmosa*, *dani-carinhosa* ou *pimentinha*.

Alguns apelidos podem ser desanimadores. Você estaria disposta a conhecer *moicano78*, *bernardo-boavida*, *pato-de-borracha*, *murilo-baladeiro*, *indiomeigo*, *leazinho327*, *duro_de_fisgar*, *zédaégua*, *bigorna* ou *tonybizarro*?

Minha nossa! *Visicalc* era uma planilha eletrônica na década de 1980.

*Poseidon* parece estar destinado a afundar qualquer relacionamento. *Neuronios_0km* não inspira um bom papo. *Gatodebotas* talvez seja um bom par para *princesinha*, mas juntos precisam ficar longe do *lucio_bruxo* ou da *bruxa_encantada*.

Imagine só o trio de mosqueteiros formado por *inquieto903*, *o bica-na-canela* e *rabanete1*. *Rainhadeouros* parece fazer um par perfeito com *ás-de-espadas*.

Existem os mitológicos, como *fauno-da-meia-noite*, *ocentauro*, *apolo70* e *Diana*.

Também há os marítimos, como *estrela-do-mar45, vivi7ondas, oceanoaberto, oceânico, navegante72* e *navegador-interno*, e os alados ou celestes: *papagaio54, ícaro_alado, uirapuru, luadecristal.*

O mundo Animal Planet vem com *cachorrinho100dona, raposinha72, paulogatinho, lobo-da-tarde, tigre72, marimbondo2009, leãoferido, saporeal* e *foquinha.*

A Liga da Justiça também aparece com *mulhermaravilha, super-homem, homemdeferro, hulk* e *batman.* Há ainda a versão tupiniquim, o *batman_belem.*

Vez em quando, famosos como *tomcruise32, bruce-willys, charles-bronson* e marcas como *harley-davidson, lui-vuitton* e *perrier* aparecem.

Alguns apelidos, além de serem criativos, exigem que você saiba outra língua. Um bom exemplo é *2good2beforgo10,* que em inglês se torna *"too good to be forgotten":* muito bom para ser esquecido!

Criar um apelido parece fácil, mas você viu aqui como algumas pessoas acabam criando uma armadilha para si próprias. Boa sorte...

## 2.3 Frase de chamada

Depois de observar sua foto, e gostar dela, a frase de chamada será o próximo item que desperta a atenção. Em poucas palavras você precisa passar uma ideia geral sobre você.

A frase de chamada funciona como um slogan de um anúncio de publicidade. É aquela frase que vende o produto e que quando é benfeita fica marcada. Veja alguns slogans clássicos da publicidade:

**Quem pede um, pede bis**
Bis

**Tem 1 001 utilidades**
Bombril

**Vale por um bifinho**
Danoninho

**Parece mas não é**
Denorex

**As amarelinhas**
Ray-O-Vac

**51, uma boa ideia**
Caninha 51

Parecem frases simples, mas tenha a certeza de que elas custaram um bom dinheiro aos anunciantes. Essas frases foram criadas por publicitários que gastaram muitas horas de processo criativo.

Será que você não vale um slogan bem criativo?

Num anúncio de TV, as empresas têm 15 ou 30 segundos para vender um produto. Num site de relacionamentos, você tem 2 segundos, o tempo que alguém vai gastar para ler rapidamente sua frase que está na tela entre tantas outras.

A melhor frase leva o clique!

A frase de chamada pode passar diferentes informações. Alguns colocam o que buscam no site, outros especificam o que **não** querem encontrar. Alguns dão ordens, outros se queixam da vida e outros se vendem bem.

Colocar frases como "Busco meu príncipe encantado", "Quero encontrar o grande amor da minha vida" não vai motivar ninguém a pressionar o botão do mouse para conhecer você melhor.

Também não se preocupe em dizer que é honesto, sincero e que não gosta de mentiras. Não vimos ninguém que tenha colocado em seu perfil que é desonesto, falso e mentiroso.

Não existe uma fórmula ou regra, mas podemos citar algumas sugestões:

1. **Seja positivo.** Use sempre palavras que demonstrem suas qualidades ou ideias.
2. **Evite usar a palavra "não".** Quem sabe o que quer tende a se dar bem, pois dá seu recado de forma positiva, o que provavelmente reflete suas atitudes.

Diga o que você quer em vez de dizer o que não quer. A maioria das pessoas pensa no que NÃO quer em vez de pensar no que QUER. Exemplo: "Não quero pessoas mal-humoradas" em vez de: "Busco pessoas com alto astral".

Nas frases de chamadas podem ser encontradas pérolas divertidas, frases muito inteligentes e uma primeira indicação de como é a pessoa.

Algumas indicam um pouco de desconfiança sobre o que vão encontrar ou mostram que são novos usuários do site.

**Homem, 33:** *Deixa ver se isso funciona.*

**Mulher, 35:** *Quem sabe não encontrarei uma pessoa bacana nesse mundo virtual...*

Depois de algum tempo no site, pode-se perceber que algumas frases acabam fazendo parte de grupos distintos. É até possível, de uma forma subjetiva, classificá-las de acordo com seu conteúdo.

O Perfil

## *Frases positivas*

Passar uma imagem afirmativa pode atrair muito mais a atenção dos seus pretendentes virtuais. Com bom humor, tudo parece ficar melhor:

**Mulher, 45:** *Se não der para encontrar o par perfeito, que seja imperfeito então!*

**Homem, 42:** *Não percebe? Todos os passos que dei foram para me aproximar mais de você.*

**Mulher, 39:** *Com todos os defeitos de uma mulher quase perfeita!*

**Homem, 39:** *Viajar, sair ou ficar em casa, tanto faz, o que importa é a companhia.*

**Mulher, 36:** *Apaixonada pela vida, procura par perfeito.*

**Mulher, 53:** *Deixa eu te fazer feliz.*

## *Frases negativas*

Algumas frases têm uma conotação negativa e acabam passando a ideia de uma pessoa difícil ou baixo astral.

**Mulher, 26:** *Estou disposta a conhecer alguém legal por aqui, mas já tô cansando!*

**Mulher, 34:** *Será que isto aqui funciona?*

**Mulher, 27:** *Estou cansada da mesma conversa, quero algo diferente e divertido.*

# AMAR.COM

**Mulher, 50:** *Estou só e carente.*

**Homem, 39:** *Não posso ter tudo o que quero, mas tô tentando... rs*

**Mulher, 26:** *Eu sou quem sou e não vou mudar pra receber aplausos.*

**Mulher, 41:** *Hoje sei que mereço ser feliz.*

**Homem, 36:** *Talvez eu seja mais especial do que pareço. Dê uma olhadinha aí.*

**Mulher, 31:** *Sozinha e carente, à procura de um par perfeito.*

## Definindo o que quer

A frase de chamada é usada por muitos para especificar o que querem e já descartar alguns tipos de pretendentes:

**Mulher, 36:** *Leia meu perfil antes de me escrever... Impermeável a fumantes.*

**Mulher, 44:** *Leia bem meu perfil e só mande mensagens se for compatível com o meu.*

**Mulher, 51:** *Você gosta de dançar? Procuro parceiro para dança de salão.*

**Homem, 44:** *Somente se mora na Aclimação, Cambuci, Ipiranga, Liberdade, Vila Mariana e Saúde* [bairros da cidade de São Paulo].

**Mulher, 37:** *Advogada procura namorado.*

**Mulher, 23:** *Quero muito conhecer japoneses, mas está difícil. Vamos lá, gente.*

**Homem, 38:** *Empresário, casado, procura amiga e amante.*

**Mulher, 28:** *Baixinha sedutora procura homem sincero, romântico, bom de sexo.*

**Homem, 54:** *Adoro mulheres safadinhas.*

**Homem, 50:** *Olá, procuro uma loba charmosa e fogosa.*

**Homem, 43:** *Alguém que procura romance, sexo e quem sabe algo mais...*

**Homem, 29:** *Um homem de Deus, procura mulher de Deus; sou católico, graças a Deus.*

**Homem, 32:** *Recém-separado, procuro um novo amor.*

## Falando bem sobre si mesmo

Se você não falar bem de si mesmo, quem vai falar? Use a frase de chamada para colocar-se "para cima".

**Mulher, 38:** *Sou especial...Sou um talismã!!!*

**Homem, 25:** *Procura a felicidade? Venha comigo que será sucesso!!!!!!!*

**Homem, 39:** *Mulheres que queiram viajar, sorrir, dançar... ser feliz, sou eu.*

AMAR.COM

Homem, 30: *Oi!! Veja se gosta!! Tenho certeza que vai se surpreender.*

Mulher, 46: *Sou bem atraente, eu sou bela.*

Mulher, 46: *Homens, atenção... Não pretendo demorar-me por aqui.*

Homem, 35: *Me considero um excelente cara. Olhe.*

Mulher, 26: *Garota bacana e feliz!*

Homem, 28: *Existem dois tipos de mulheres, as que me amam e as que não me conhecem.*

## Frases criativas

Imaginação não falta a muitos e tornam o perfil atraente, nem que seja para ver quem está por trás dessa criatividade.

Mulher, 37: *Me joga no Google, me chama de pesquisa, diz que sou tudo o que você procurava!*

Mulher, 39: *Navegue no meu mar de beijos, naufrague, te salvo no convés do meu amor.*

Mulher, 29: *A inteligência é a virtude mais sarada para mim.*

Homem, 38: *Bem rodado, estado de novo, motor impecável.*

Mulher, 43: *Preciso de um namorado urgente para receber minha herança!*

Com certeza, essa herança vai despertar muitos cliques apaixonado$$$...

## Filósofos

As frases de chamada são um campo fértil para frases cheias de filosofia. Algumas podem até comover, outras...

**Homem, 41:** *O maior erro que você pode cometer na vida é ficar com medo de cometer erros.*

**Homem, 28:** *Não existe um caminho para a felicidade. A felicidade é o caminho.*

**Homem, 28:** *A felicidade é um estado a que só se pode chegar acompanhado.*

**Mulher, 48:** *Me ame quando eu menos merecer, pois é quando eu mais preciso.*

**Homem, 43:** *O amor é como o vento, não posso vê-lo, mas posso senti-lo!*

**Homem, 39:** *Os olhos acreditam em si próprios, os ouvidos, em outros.*

**Homem, 20:** *Amar é encontrar na felicidade de outrem a própria felicidade.*

**Homem, 32:** *Quando sentir o que eu senti, não faça como eu fiz, não chore.*

**Mulher, 37:** *Aquele que inventou a distância não conhecia a dor da saudade.*

Homem, 34: *Você faz suas escolhas, suas escolhas fazem você.*

Mulher, 34: *Há tanta suavidade em nada dizer e tudo se entender.*

Homem, 40: *Quem tem um amigo tem um tesouro.*

## Carimbadas

Algumas frases parecem fazer parte do inconsciente coletivo de quem se cadastra. Uma seleção daquelas com as quais você vai se deparar com frequência:

*Olhos penetrantes, coração ardente.*

*Procura-se um amor pra vida inteira.*

*Estou de bem com a vida.*

*Procurando a felicidade.*

*À procura de um novo/grande/verdadeiro amor.*

*Quero te fazer feliz e ser feliz.*

*Para quem procura um amor, venha me conhecer.*

## Os incompletos

Existe um grupo muito grande de pessoas que são apenas metade de um todo.

Mulher, 27: *Quero uma pessoa que me complete.*

Homem, 45: *Busco minha outra metade.*

Com esses exemplos você pode perceber como é importante criar um bom slogan.

## 2.4 Apresentação pessoal

A apresentação pessoal é a parte do perfil na qual você realmente se revela, descrevendo um pouco sua personalidade, estilo de vida, atividade profissional e preferências.

Alguns usuários usam esse valioso espaço de forma pouco produtiva. Confundem apresentação pessoal com características físicas, esquecendo-se de que essas informações já foram preenchidas em campos próprios do cadastro. Outros aproveitam para falar sobre quem buscam, em vez de falar de si mesmos.

Um caso mais sério são os usuários que simplesmente não preenchem esse campo. Isso piora muito as chances de ser clicado na primeira busca feita por alguém. É apostar demais na foto para atrair a atenção dos outros. Isso se alguma foto foi colocada.

### Apresentando-se descontraidamente

A forma mais gostosa de se apresentar é escrever descontraidamente. Veja como esses usuários apresentam sua descrição pessoal de forma leve:

**Homem, 32:** *Sou bastante diferente... Neto de alemães e portugueses, excêntrico, descontraído e meio doido. Amo esquiar na neve, me enfiar no meio do mato e explorar montanhas. Estudar e conhecer diferentes culturas. É como sei ser feliz. Como gosto de correr riscos e descobrir coisas novas, estou sempre em lugares diferentes buscando novas experiências enquanto enriqueço o espírito. Sou muito discreto, extremamente caseiro e amo cozinhar, meditar, jejuar, beber vinho, ler, desenhar, cinema, música e natureza.*

AMAR.COM

**Homem, 43:** *Eu sou uma pessoa que consegue harmonizar o lado pessoal, afetivo, profissional e espiritual. Sou muito grato pela vida que tenho e pela capacidade de apreciá-la. Busco uma pessoa também realizada em sua vida para compartilharmos experiências, momentos e emoções. Sou divertido e gosto muito de rir. Gosto de um bom livro, vinho tinto, eventos culturais, viajar, um bom restaurante, uma linda paisagem, apreciar a natureza e deixar a minha sensibilidade fluir, seja onde for. Gostaria de compartilhar estes momentos maravilhosos com você. Se você chegou até aqui é porque viu algo em mim que te interessa. Por isso espero que você seja uma pessoa bonita, inteligente, sincera, sensível e sofisticada. Quero o seu companheirismo, sua amizade e oportunidades suficientes para trocarmos experiências. Se não tivermos nada de especial para fazer, que tenhamos prazer em passar horas conversando, tomando um bom vinho e nos divertindo!*

**Homem, 39:** *Sou um cara que se cuida, tanto da mente quanto do corpo. Trabalho muito, viajo sempre a trabalho e a lazer, conheço muitos países. Busco uma pessoa legal, que tenha prazer em viver e curtir bons momentos. Se será um relacionamento sério ou não, só o tempo dirá. Acredito no amor e na família. Trabalho em marketing em um banco. Adoro cozinhar, minha especialidade são os risotos. Amo música e pratico bastante esporte e meditação. Gosto de dançar, andar de bike e viajar, e se pudesse moraria na praia. Moro sozinho, ou melhor, com um cachorro.*

**Mulher, 46:** *Ex-morena, agora loira, pois as mulheres não envelhecem e sim ficam loiras, simpática, papo agradável quando não está na TPM. Demais qualidades e defeitos serão revelados posteriormente.*

## A internet como um lugar legal para conhecer novas pessoas

É possível ver como as pessoas começam a apostar na internet como uma maneira bacana de encontrar gente nova.

**Mulher, 27:** *Meu nome é Adriana, resolvi entrar neste site para conhecer a forma como a internet tem aproximado as pessoas. Tenho muitos amigos que já se envolveram por aqui e acredito que comigo possa não ser diferente. Não gosto de clichês como "sou bonita, sensual.. venha me conhecer". Sou uma pessoa normal, que gosta de aproveitar a vida, sair com amigos, rir à toa, dançar, falar besteira etc. E busco pessoas que gostem das mesmas coisas!*

**Mulher, 29:** *Sou uma pessoa caseira e entrei neste site porque reconheço que não tenho facilitado para "me encontrarem" e gostaria de ser "descoberta". Para relacionamentos, penso que a amizade é importante. Que cumplicidade e as risadas são indispensáveis para um convívio prazeroso.*

## A graça das palavras

Como a apresentação pessoal é um dos campos mais importantes do perfil, alguns cuidados precisam ser redobrados ao redigi-la.

Usar um bom português é fundamental. Ninguém precisa ser um imortal da Academia Brasileira de Letras. Um ou outro erro de digitação é perfeitamente tolerável. Mas às vezes vemos textos que levantariam Camões da cova e que certamente tiram o interesse de quem lê o perfil.

A forma de escrever mostra muito da pessoa. Através das palavras você pode até esconder seu conhecimento, mas não a falta dele.

Muitas vezes encontramos perfis contraditórios. Pessoas que alegam ter nível superior completo, mestrado e doutorado, mas que cometem graves erros gramaticais. Veja alguns exemplos:

*- Estou à procura de alguém que* **poça** *dar mais brilho à minha vida.*

*- Tenho 1,72m de altura,* **pesso cesenta** *e quatro quilos. Tenho olhos verdes.*

*- Estou* **imprecionado** *com o seu* **perfiu.**

*- Quer ser feliz,* **voce** *precisa do homem* **serto** *sou eu.*

*- Quer tomar uma* **servejinha** *comigo?*

*- Vamos* **sermos** *felizes.*

## Todo mundo tem virtudes e defeitos

Aproveite para falar do que você tem de melhor, seus pontos fortes, que o tornam uma pessoa especial.

Às vezes, algumas pessoas tentam ser tão sinceras que acabam exagerando na descrição de seus defeitos. Se você resolver colocar algum, faça-o de forma bem-humorada e evitando um texto pesado.

Se quiser ler um texto de uma pessoa pessimista que gosta de falar de seus problemas, exigente e que não acredita que exista um homem que a faça feliz, veja essa descrição:

**Mulher, 28:** *Após uma experiência de um casamento de 8 anos, feliz e sem filhos, seguido de um namorico de um ano e pouco que judiou muito, posso dizer aqui e ser honesta, de que passei a ser uma pessoa desconfiada da própria sombra. Exigente, egoísta, poderia ficar escrevendo os outros 1 700 caracteres de defeitos que eu tenho. Estou quase chegando ao ponto de acreditar que não existe homem que possa me fazer feliz... (Vou ficar pra tia...rsrsrs) Se encontrar alguém que aceite meus defeitos, que me dê o mínimo que eu peço, essa pessoa pode ter tudo de mim. Costumo me entregar de cabeça, corpo e alma se me sentir realmente amada e segura. Me escrevam, vamos* *conversar, vamos nos conhecer, independente de tudo, fazer amizades é sempre bom...*

## Exagerar é preciso?

Encher seu perfil com afirmações de que você é carinhoso, romântico e dedicado pode pesar e dar a impressão de que você é sufocante ou controlador.

**Mulher, 39:** *Alegre, carinhosa, fiel, cúmplice, compromissada, romântica, ligo pra dizer que te amo. Conto meus desejos no seu ouvido em qualquer lugar. Gosto de fazer e receber surpresas, loucuras. Sou aventureira, gosto de andar de mãos dadas, passear, viajar, dançar, brincar, rir, conversar, gosto de música e cinema, animais e natureza.*

## Como está sua autoestima?

Se você não quiser despertar pena, lembre-se de que dizer "Ando muito carente" não impressiona ninguém e provavelmente vai colocá-lo na lista dos problemáticos.

Você perceberá, após a leitura de alguns perfis, que quase todo mundo está "de bem com a vida". Esta é uma das frases mais utilizadas.

**Homem, 41:** *Sou sincero,direto e objetivo e estou de bem com a vida, quero um relacionamento real! Sou separado, tenho uma filha que mora comigo. Trabalho bastante, mas não troco minha vida pessoal pela profissional. Busco alguém na minha vida que "faça a diferença". Não tenho desespero de conhecer alguém. Me separei, namorei, estou solteiro de novo.*

## Fale bem, mas não fale demais

Essa afirmação tem duas abordagens. Segurança e excesso de detalhes. É difícil estabelecer um limite sobre o que dizer sobre você. Contudo, alguns se expõem de forma perigosa, dando muitos detalhes que deveriam ser deixados para conversas futuras. É importante não fornecer informações que possam dar pistas de onde você mora ou da empresa na qual trabalha.

Exagerar nas informações acaba dispersando a atenção das pessoas. Algumas descrições pessoais mais parecem uma autobiografia ou um momento de devaneio. Quase ninguém gasta mais de 30 segundos lendo uma apresentação.

**Mulher, 26:** *Tenho meus 26 anos de idade, moro desde pequena em São Paulo. Gosto da minha cidade, embora esteja sempre à procura de novos horizontes, não só físicos, não só táteis, mas também os vivíveis, sensíveis, experimentáveis. Ainda vou conhecer o mundo, o mundo inteiro. Sim, eu sei que é um desejo bastante ambicioso, mas tentarei realizá-lo mesmo assim. Querer mais nunca é demais, a não ser que tudo se resuma a isso e se torne angustiante quando não se consegue. Eu gosto de arte boa, de boa música, de bons amigos e boas companhias. Tenho muita imaginação, nasci assim e não acredito que seja impossível para os demais. As pessoas às vezes não se permitem muitas coisas, não se deixam levar e acabam por quebrar o fluxo. Assim como pensava Einstein, acho muitas vezes que a imaginação torna-se mais importante que o conhecimento estabelecido. O nada só é nada por falta de criatividade.*
*Faço arquitetura, não é à toa! Espero nela conseguir expressar aquilo que me é latente. Uma boa arquitetura sempre traz muita história e conceito ou apenas grande entusiasmo aos olhos.*
*Adoro o sol, também gosto da noite. Meu dia a dia é sempre uma loucura, mas não nego, adoro isso! Me divido entre trabalho, natação (fui peixe na outra encarnação, rs), aulas de francês e meus amigos. Apesar de sempre ocupada, no fundo faz falta... realmente... alguém especial, alguém para se sentir carinho, para seguir junto...*

*Eu quero tanta coisa...*
*Quero amar muito.*
*Quero dar sempre o melhor de mim.*
*Quero dormir em paz e acordar sorrindo...*

## Se preencher, faça-o com vontade

Muitos usuários parecem preencher esse campo à força. Afinal de contas, ninguém o obrigou a entrar num site de relacionamento. Se você entrou, procure mostrar a que veio. A pessoa do exemplo seguinte ganha qualquer prêmio de rebeldia.

**Mulher, 27:** *Não gosto de ficar falando sobre mim, a impressão que causo deixo a própria pessoa tomá-la! E prefiro que seja recíproco isso!!! Detesto essa parte desses sites, tudo o que eu precisava digitar aqui eu já fiz! Mas eles pedem pra ficar escrevendo e escrevendo como se já não fosse grande coisa ter preenchido aquele teste de personalidade, pra no final você saber que já sabia quem era, mas fazer o quê? A gente se sujeita a algumas coisas quando quer fazer amigos ou tentar encontrar aquele alguém, né?*
*Que dê o primeiro grito quem nunca pediu silêncio... As coisas são assim, uns vêm, outros vão e eu escrevo coisas sem nexo algum, rsrsrsrs... E nem preciso usar nada pra isso, porque sou criativa, afinal escrever mais de mil palavras e acabar não escrevendo nada não é pra qualquer uma, meu bem!!!*

Outro exemplo:

**Mulher, 34:** *Esta é a parte que mais me dá preguiça... Sim, porque nada do que eu escreva aqui vai te dar a ideia exata de quem eu sou. Eu ou você somos bem mais que 2 mil caracteres e certamente menos espetaculares do que dizemos ser aqui (difícil fazer uma autopropaganda sem ser tendencioso, não??...rs). Anyway, sou bonitinha, bem-criada, bem-sucedida, cercada de bons amigos e com uma família incrível de fofa. Minha vida é de fato muito boa, mas pode melhorar se você aparecer.*

## Falando sobre filhos

Você é mulher e tem filhos. É importante que alguém que se interesse por você considere isso. Mas, por favor, não inicie seu resumo com a frase "Gosto de passear, mas não o faço muito porque tenho que ficar com meus filhos". Deixe essas informações para um segundo momento. Seu pretendente pode descobrir que você é muito legal e que os filhos fazem parte do pacote.

Ao expor que tem filhos, você pode fazê-lo de uma forma bacana, como a do perfil abaixo:

**Mulher, 38:** *Sou sincera, amiga, fiel, compreensiva, companheira, romântica, tranquila e de bem com a vida. Procuro alguém que queira amar e ser amado... Adoro mimar e cuidar das pessoas que amo... Tenho um filho de 14 anos (futuro médico), e apesar da idade ele é muito maduro, educado. Estamos de braços abertos e coração cheio de amor pra quem desejar ser feliz ao nosso lado... (Gostaria de deixar bem claro que entrei neste site porque acredito que é possível encontrar alguém decente e especial na net; tenho moradia própria com tudo de que preciso.) Só falta alguém especial pra completar minha vida!*

Já o próximo perfil parece colocar os filhos como uma restrição:

**Mulher, 34:** *Sou simpática, extrovertida, alegre, brincalhona... Gosto de viajar, de cinema, de ler, de sair, mas tenho filhos, então não sou tão acessível a todas as coisas. Busco uma pessoa honesta, trabalhadora, sensível, simpática, alegre, que goste de sair, de viajar e que goste de crianças, mesmo não querendo ter filhos.*

## Falando demais

Algumas descrições pessoais são desperdiçadas com textos que não dizem absolutamente nada.

**Homem, 42:** *Este ar puro oxigenado de maturidade me dá o aspecto de que já vi de tudo, disposto a rever a própria vida Este sentimento de homem humano me dá o direito de viver feliz, inspirando segurança, como se já tivesse tudo o que quis. Esse jeito felino ou de criança me dá a certeza de ser forte como nunca, agarrado nos braços da esperança. Essa determinação de chegar faceiro, sem ter que explicar nada nem dizer por que, me dá a sensação de estar no auge da vida, a vida inteira.*

Já algumas descrições mostram pessoas que têm 1 001 utilidades. Se você gosta muito de uma vida tranquila, nem ouse clicar num perfil como o próximo. Há poucas chances de compatibilidade.

**Mulher, 41:** *Eu adoro esportes radicais, sou instrutora de mergulho e amo tudo que está ligado ao mar. Adoro artes marciais (kung fu). Sou cantora, toco e dou aulas de teclado, violão, italiano e inglês (idiomas falados em casa). Sou formada em Engenharia Naval e Física. Adoro barcos, além de amar velejar e pesquisar.*
*Fui piloto aeronauta, adoro passear com meu filho de 12 anos, sou muito romântica e gostaria de encontrar um ser maravilhoso por dentro, que ame a vida como eu e que mesmo não fazendo tudo que faço possa me admirar pelo que sou. Dou aulas de patinação artística no gelo e rodas. Tente me conhecer.*

É mole ou quer mais? Para acompanhar essa usuária, seria necessário misturar James Bond com MacGyver e colocar algumas pitadas de Rambo e Jack Johnson.

## Estilo de vida

Você pode usar a descrição pessoal para mostrar um estilo de vida.

**Homem, 38:** *Sou admirador de lugares culturais, cultivando o pluriculturalismo, peças teatrais e cinemas não tradicionais como o cinema europeu e latino, entre outros. Também sou apreciador de vinhos e bons restaurantes; cultivo a vida social ao lado das amizades que me cercam; "assim eu sou".*

*Não coloquei minha foto, pois, devido às minhas responsabilidades profissionais, acredito que perderia um pouco a privacidade ao expor meu lado pessoal.*

Antes de dar sua descrição pessoal, pense no que você quer transmitir e faça-o de forma positiva e direta. Poucas palavras bem escritas terão mais efeito que dezenas de linhas desconexas.

## 2.5 Descrição física

Alguns sites possuem um campo para a descrição física onde você poderá ressaltar suas características de forma livre. Veja alguns bons exemplos de descrição:

**Homem, 32:** *Rosto fino e anguloso, cabelos lisos escorridos, bem escuros. Sou bastante alto e tenho peso proporcional. Corpo em forma devido a muita natação, corridas, viagens de bicicleta e escaladas. Ombros, peito e costas largos. Me exercito sempre e me alimento de forma supersaudável. Levo um estilo de vida supersadio, tanto física quanto mentalmente. Tenho pele bronzeada e poucos pelos. Ah, e uma tatuagem no quadril.*

**Homem, 47:** *Estou em dia com meu corpo, porém sempre inconformado. Para contornar este inconformismo treino bastante e pratico esportes.*

O Perfil

*Acho que minhas fotos podem dar uma percepção melhor do que qualquer descrição.*

**Homem, 37:** *Tenho o corpo legal, pois gosto muito de correr. Sou moreno, relativamente alto, cabelos pretos, olhos penetrantes e pretos, bronzeado.*

**Mulher, 28:** *Sou baixinha, mas com formas que considero atraentes e com medidas em harmonia. Acho que a parte mais bonita do meu corpo são minhas pernas. Enfim, uma pessoa normal, nenhuma modelo, mas muito saudável.*

Eis uma descrição indefinida:

*Eu sou meio alto e meio forte, meio magro, meio branco e com cabelos castanhos e olhos azuis.*

Ele poderia dizer a mesma coisa falando:

*Eu sou meio baixo e meio fraco, meio gordo, meio negro e com cabelos castanhos e olhos azuis.*

O que será que ele quis dizer?

## 2.6 Descrição de quem busca

Essa parte do cadastro também é deixada em branco por muita gente. Ela pode ser um grande filtro para evitar pessoas que não lhe interessam. Fale o que quer e o que não quer da pessoa que deseja ter a seu lado.

**Homem, 47:** *Não precisa ser perfeita, apenas uma pessoa normal como eu. Pedir mais do que isso nesse momento seria no mínimo injusto. Agora, se tiver charme, inteligência, cabelos bonitos, elegância, senso de humor e ética, não preciso pedir mais nada.*

AMAR.COM

**Homem, 41:** *Parte difícil esta. Quero encontrar uma mulher de bem com a vida também, sincera, descomplicada, disposta realmente a um encontro e relacionamento real. Conhecer "olhos nos olhos", e não quem ainda está indecisa aqui, sem saber o que realmente quer da vida.*

**Mulher, 34:** *Gosto de homens inteligentes, gentis, do tipo que paga a conta e abre a porta do carro. Tem que ter bom humor, isso é fundamental!*

**Mulher, 37:** *Que seja simpático, atraente, honesto, sincero, e feliz com a vida. Obs.: PM, adoro uma farda.*

**Mulher, 28:** *Procuro alguém que me faça rir, seja sociável, goste de sair. Que seja uma pessoa de bom caráter e goste de trabalhar, pois sou uma pessoa bastante simples, que gosta das coisas boas da vida. Tem que saber curtir o momento. Que não seja paranoico nem muito ciumento. Não respondo perfis sem foto.*

**Mulher, 48:** *Um homem sensível, verdadeiro, que goste de um bom papo, de ver um bom filme, ouvir boa música. Nada diferente do que a maioria busca, companhia e companheirismo, coisas simples e difíceis de se ter nos dias de hoje.*

Neste capítulo, buscamos mostrar a importância do cadastro dentro de um site de relacionamento. Bem elaborado, ele vai atrair gente interessante e afastar pessoas que não atendem às suas preferências.

## O Perfil

Criar um e-mail alternativo para se cadastrar num site de relacionamento pode ser uma boa ideia. Você adquire mais privacidade e evita ter sua caixa postal principal lotada de avisos enviados pelo site sobre pessoas que lhe enviaram e-mail ou viram seu perfil.

# Capítulo 3

# Pesquisando Perfis

Com seu perfil pronto, você certamente começará a receber contatos de outros usuários. É agora que o jogo da sedução começa de verdade.

Você pode acessar um perfil de quem lhe enviou um e-mail, mas também deve ter um papel ativo para encontrar pessoas interessantes. As ferramentas de busca dos sites são fáceis de usar. Poucos cliques colocarão muitas pessoas à sua frente.

Você pode evitar experiências negativas se fizer boas buscas e, principalmente, analisar bem os perfis.

É importante separar o joio do trigo. Nesse momento, o desafio é interpretar as informações que recebe. Você deve procurar identificar quem é o ator e quem é autêntico.

## Homens e mulheres se comportam de forma totalmente diferente nessa fase

Mulheres não precisam fazer muito para serem contatadas. Os homens são mais ativos, veem as fotos e entram em contato rapidamente.

Num período de trinta dias em que mantivemos um perfil masculino e um feminino, tivemos 1 791 visitas para o perfil de mulher e 1 185 para o perfil de homem.

## Homens fazem varredura

Para os homens o impacto visual parece ser o mais importante quando ele se depara com um perfil. Em boa parte dos casos, um rosto bonito é o suficiente para um primeiro contato.

## Mulheres leem

As mulheres leem detalhadamente. É lógico que não deixam de considerar a foto, mas dificilmente elas entram em contato antes de ler o perfil atentamente.

**Mulher, 39:** *Oi... não preencho todos os seus requisitos. Mas, afinal de contas, ninguém é perfeito não é mesmo? Gostaria de conhecê-lo.*

## Buscando quem está on-line e com fotos

Você pode filtrar suas buscas considerando apenas quem estiver on-line e com foto no perfil. A maioria dos usuários usa esses filtros. Portanto, quanto mais tempo você permanecer conectado ao site, maiores serão suas chances. As pessoas querem entrar em contato rapidamente.

O número de e-mails que se recebe quando se está on-line é muito maior que aquele recebido quando não se acessa o site. Nosso perfil feminino recebeu 150 e-mails num único dia quando estava com foto e passou a receber um ou dois quando removemos a foto.

## A idade

Expor a idade pode ser um tema delicado para algumas pessoas. Tanto homens como mulheres mentem sobre suas idades.

Enquanto alguns colocam fotos muito antigas para transmitir uma ideia de jovialidade, outras pessoas colocam fotos atuais, mas diminuem a idade.

Diminuir a idade é um recurso usado para que o usuário fique dentro da faixa etária mais procurada nas buscas.

Um caso que lembramos é o de uma mulher que foi encontrada numa busca que especificava mulheres de até 40 anos. Sua foto mostrava claramente que tinha seus 50 anos. O curioso foi sua frase de chamada:

*Tenho 50 anos, mas se colocasse essa idade você não estaria me vendo aqui!*

Tirar dois ou três anos pode não ser um crime. Se você tem 42 e diz que tem 39, pode ampliar as chances de ser encontrado. Agora, se você tira oito ou dez anos, certamente vai decepcionar quem o encontrar.

Se você sentir que vai ocorrer um primeiro encontro, é bacana falar a verdade sobre sua idade.

O homem geralmente busca mulheres mais jovens, por diversas razões. É comum ver um homem de 50 anos procurando mulheres entre 25 e 40 anos, mas é mais difícil ver uma mulher da mesma idade buscar apenas pessoas muito mais jovens.

## Distância

Um critério importante nas suas buscas é a distância dos pretendentes. Você pode escolher apenas quem mora na sua cidade ou especificar uma distância máxima, dependendo do site. Se você mora numa cidade próxima a um grande centro, é melhor colocar o nome da cidade grande para aumentar suas chances.

Por exemplo, você mora em Guarulhos (Grande São Paulo) e especifica São Paulo como cidade.

Numa pesquisa como esta mostrada na ilustração ao lado, quem mora em Guarulhos ou Barueri, municípios ao lado de São Paulo, não aparecerá na busca.

## O que está escrito e o que você deve entender

Ao ler um perfil, é muito importante interpretar o que está escrito, pois muitas pessoas exageram, omitem informações essenciais e se contradizem.

Por exemplo, uma mulher diz estar em forma. Você pode ter uma ideia verificando o peso e altura informados. É muito comum encontrar alguém com 1,60m de altura e peso de 80 quilos, o que mostra que algo está errado com as informações. Isso também acontece com os homens.

Se você diz em seu perfil que gosta de esportes, vai receber muitos contatos de pessoas que não praticam esporte algum, mas que dizem no seu perfil frases como "sempre pratiquei esportes, mas estou parado e querendo voltar a treinar". Tenha quase certeza de que este é um sedentário que não vai acompanhá-lo nas suas atividades.

Se uma pessoa diz que costuma correr, convide-a para uma corrida. Você ouvirá mil desculpas daqueles que não praticam o esporte.

## Sexo

O sexo é fundamental dentro de uma relação amorosa. Homens pensam nele quase todo o tempo, e as mulheres não ficam atrás.

Não queremos escrever um tratado sobre sexo, mas questionar um pouco a necessidade de lidar com o tema num site de relacionamento. Todos querem, mas cada um tem seu tempo e jeito para lidar com o sexo dentro de uma relação.

Ao contrário do que imaginávamos, encontramos muitos perfis de mulheres dizendo que buscam apenas sexo.

O papel do caçador também passa para as mãos femininas. Mas nos parece que, mesmo com esse papel ativo, elas ainda esperam um telefonema no dia seguinte.

Os homens, porém, quando especificam sexo como objetivo, querem mesmo apenas sexo. No dia seguinte, não haverá telefonemas.

Um dos enganos mais comuns é não prestar atenção nos objetivos da pessoa. Os perfis sempre indicam a intenção sexual da pessoa.

Analisamos dois perfis. Eles mostram objetivamente o tipo de relacionamento que a pessoa busca:

| Informações básicas | |
| --- | --- |
| Sou: | Mulher |
| Me interesso por: | Homens |
| Idade: | 29 |
| Localização: | Sao Paulo, SP, Brasil |
| Intenção: | Relacionamento/Romance sério |
| Altura e peso: | 1.63 metros, 51 quilos |

AMAR.COM

**Informações básicas**

| | |
|---|---|
| **Sou:** | Homem |
| **Me interesso por:** | Mulheres |
| **Idade:** | 29 |
| **Localização:** | Nova Iguacu, RJ, Brasil |
| **Intenção:** | Amizade/Diversão Sexo |
| **Altura e peso:** | Não Preenchido , Não Preenchido |

Note que o perfil da mulher indica que ela busca um relacionamento sério, enquanto o homem quer apenas amizade, diversão ou sexo. As chances de essa mulher se decepcionar com esse homem são grandes, pois suas intenções são diferentes.

Aqui, o perfil deixa claro que o homem busca uma amante:

**Homem, 42:** *Empresário, casado, procura amiga e amante. Empresário à procura de uma amiga/amante para viver bons momentos, cuidar e ser cuidado. Adoro cuidar, dar presentes e mimar. Não me importo em ajudar, creio que a vida é uma troca de carinho, atenção e por que não coisas materiais? Vivo um casamento digamos "de aparência", lance com família e bens envolvidos, e uma separação muito rápida poderia trazer problemas. Quero alguém que esteja comigo nessa fase de separação.*

## Um encontro que não era para ter acontecido

O primeiro encontro da Daniela poderia ter sido evitado se ela tivesse lido com mais atenção o perfil de Caio. Marcaram um encontro num final de tarde para um suco. Sentaram-se e, depois de pouco tempo de conversa, ele perguntou se ela queria ir para um motel, ou para a casa dele.

Ela levou um susto e disse que não estava entendo aquilo. "Como não?", disse ele. "Você não leu no meu perfil que eu busco sexo?" O encontro acabou ali, e ela aprendeu rapidinho que deveria ler com muita atenção a intenção do perfil dos usuários do site.

## Lidando com as diferenças

Você tem de estar preparado para receber e-mails de pessoas que buscam gente do mesmo sexo ou ainda casais buscando aventuras. Mesmo colocando em seu perfil que você, por exemplo, é mulher buscando homens, pode receber e-mails inesperados.

O próximo e-mail foi uma surpresa. Nosso perfil feminino recebeu este e-mail de um homem que usava o pronome "nós" diversas vezes.

*Oi, desculpe a pretensão e, por favor, não se ofenda, mas "nós" adoramos o seu perfil. Se gostar do meu (ou nosso), escreva...*

Ao acessarmos seu perfil, deparamos com um casal na foto extra. Estavam buscando uma "namorada".

*"Eu gostaria de conhecer uma mulher discreta, de bem com a vida, que se sinta bonita, de bons princípios e de mentalidade aberta, isso é, capaz de admitir suas próprias fantasias e curiosidade, que esteja a fim de um contato ou relacionamento diferenciado, fogoso e sobretudo sincero."*

Nosso perfil feminino também recebeu um e-mail de uma mulher querendo uma "amizade colorida".

**Mulher, 28:** *Oi linda, desculpe abordá-la dessa maneira, mas se tiver alguma curiosidade de ficar com mulher e saber um pouco mais sobre o que procuro adicione-me no Messenger... Entendo que você possa ter* *algum receio, porém tento passar toda confiança, tenho orkut familiar e webcam também! Beijos e obrigada!*

Se isso acontecer com você, não se ofenda, faz parte do jogo.

## Tipos

É possível categorizar alguns perfis. São pessoas que se encaixam num grupo por determinado texto que revela sua personalidade ou atitude. Depois de algum tempo, você vai identificá-las facilmente.

## O predador

Existem pessoas que ficam esperando novos usuários no site para tentar um contato antes de todos. Você nota esse tipo naqueles homens que mandam e-mails antes mesmo de sua foto ter sido aprovada.

Já querem marcar presença e não dar espaço para outros. Em alguns casos, mandam e-mails como:

*"Você é linda, adorei seu olhar."*

Quando você ainda nem colocou a foto...

Alguns contatos mostram o perfil de predador:

*Gostei das suas fotos e do seu perfil. Tem muita coisa que gostaria de fazer para arrancar um sorriso do seu rosto... Beijo, Fernando.*

*Oi, queria saber deste seu sorriso... Será que ele é explicável? Que sorriso lindo, adorei... Dá uma olhadinha no meu perfil...rs. Quem sabe te fala algo... Beijo.*

*"Oi, você deve ter um monte de candidatos, mas não tem problema. Espero a minha vez... E aí acabaremos com a fila... rsrs."*

*"Poxa, mandei meu e-mail, fax, tel. e você nem um sinal de fumaça...rs. Gostei do seu sorriso."*

## Pessoas difíceis

Alguns perfis revelam pessoas que podem ser muito difíceis de se relacionar. Este perfil indica uma mulher pouco flexível, de personalidade difícil e muito seletiva.

**Mulher, 37:** *Sou uma pessoa de personalidade forte. Identifico-me muito com os gatos: aprecio imensamente minha liberdade; não gosto que me ditem regras; sou misteriosa; e um carinho sempre é bem-vindo. Adoro praticar esportes, em especial basquete, mas jogo de tudo. Sou apaixonada por artes em geral, principalmente música (que é o que eu mais gosto), cinema e TV (profissional).*
*Faço amizade com todo tipo de gente, mas tenho um grupo seleto de amigos. Adoro ficar de papo pro ar, conversar, trocar ideias, enfim... Gosto de ler, brincar; sou bem-humorada; gosto de aprender coisas novas; gosto MUITO de conversar...*
*Procuro alguém que tenha personalidade, que tenha suas próprias opiniões; goste de praticar esportes; seja bem-humorado; mente aberta e saiba o valor da expressão RESPEITO AO PRÓXIMO... A única coisa de que faço questão é que você seja mais alto que eu (1,85) porque adoro usar salto alto quando saio.*

## O chato de plantão

Essa categoria é fácil de identificar. Ele não deixa você em paz. Seus e-mails são chatos e costumam ser insistentes. Quem vai se interessar?

**Homem, 42:** *Olá, boa tarde! Decepcionado com a falta de atenção de algumas pessoas que me adicionaram no MSN ao acaso e sem critérios, fiz uma limpeza geral, ou seja, deletei todos os contatos. Com certeza, amigas e colegas tiveram os seus e-mails cancelados. Assim, por favor, adicione novamente o xxxxx@hotmail.com. Porém, lembre-se de que a medida do amor é amar sem medida; o amor é a primeira condição da felicidade do ser humano; se a fé move montanhas, o amor cria universos; o amor não se vê com os olhos, mas com o coração e, finalmente: que a vida é feita de momentos e devemos aproveitar todos os bons momentos de nossa vida. Beijo.*

## Os que reclamam

Pessoas que reclamam de tudo já no primeiro contato esperam o que de um futuro relacionamento? Veja só este e-mail:

*Lindíssima Menina Mulher,*

*Muitas dúvidas rondam minha cabeça! Tenho 37 anos, mas ainda não sei direito quem sou no mundo, não sei bem o que desejo da vida! Não estou feliz na minha profissão, não estou feliz no amor, não estou feliz na casa onde moro, não estou feliz com minha condição social! O interessante é que as pessoas sempre estão me admirando, sempre estão me elogiando! Você acredita que sou referência, têm alguns profissionais que utilizam meu nome para falar sobre superação! Tudo isso causa muita confusão em minha cabeça! Ter encontrado você é muito bom para minha vida, você me transmite paz, pensar em você é maravilhoso! Você é especial! Você é muito importante para mim!*

*Abraços de urso, beijos de gato e lealdade e motivação canina.*

Depois de ler o e-mail anterior, resolvemos entrar no perfil dele para tentar decifrar o tamanho da confusão. Ela só aumentou:

*Você me verá ao vivo e em cores no primeiro encontro. Gosto da liberdade e sei respeitar a liberdade da minha parceira. Sou movido por dois sentimentos – o cheiro e o toque. Sou apaixonado pelo beijo! Agora não posso deixar de mencionar que não gosto de mulheres barraqueiras e que vivem apontando defeitos! Se para você distância é algum problema, então não temos problemas! Preciso de sua coragem, ofereça-me uma visita social, a partir disso e sendo de sua vontade, eu carregarei água no jacá para você, se assim for sua vontade! Precisamos de um primeiro encontro e ele está em suas mãos!*

## O indescritível

Você pode encontrar pessoas sensacionais. Podem não ser quem você busca, mas certamente vão marcar sua experiência na internet. Nosso ídolo é um senhor muito positivo, engraçado, criativo e bilíngue. Seu e-mail foi arrasador:

*Como você é linda! Acho que você não existe! Tanta beleza só pode ser miragem!*
*[You are lovely! I think that you do not exist! So many beauty can be only a mirage!]*
*Talvez o meu perfil não seja o que você procura! Mas você é tão linda que eu tinha que arriscar, já que tentar não custa nada... e nem é proibido!*
*[Perhaps I'm not the person who you're seeking! But you are so beautiful and lovely that I had to take the risk, since it will try it does not cost anything... it is not even prohibited!]*

## Adicionando a pessoa à lista de pretendentes

Você encontrará nas suas buscas muitas pessoas interessantes. Talvez mais do que você possa cuidar num determinado momento. Um bom recurso é colocar a pessoa na sua lista de favoritos, que a maioria dos sites oferece. Dessa maneira você faz uma triagem e depois analisa os perfis com mais calma.

Um dos perfis que adicionamos como favorito nos contatou exatamente por ter percebido que fazia parte da nossa lista:

**Homem, 49:** *Olá, tudo bem? Foi uma agradável surpresa você ter me adicionado como predileto, só ficou faltando um e-mail, não acha?...rs. Gostei do que li e vi no seu, você é bonita e sua altura/peso é o meu número... que perigo!...rs*

*Pena que você não lerá esse e-mail a tempo, pois eu a convidaria pra correr no Ibirapuera. Irei mais tarde, lá pelo meio-dia, quando o tempo estiver mais aberto e aproveito pra pegar um sol... Sou movido a sol. Bom, um ótimo dia pra você, vamos nos falando...*

## Sabendo quem viu seu perfil

Os sites oferecem também uma lista das pessoas que acessaram seu perfil. É provável que elas já tenham feito algum contato, via e-mail ou mensagem. Porém pode haver entre essas pessoas algumas que não entraram em contato e que são interessantes. Será que vale a pena você tomar a iniciativa? Pode até ser, pois muitas vezes, numa busca, passamos despercebidos. Um bom e-mail pode chamar a atenção para o seu perfil.

## Mantendo o controle

Estando há algum tempo num site de relacionamento, você provavelmente conhecerá e encontrará muitas pessoas.

Anote em algum lugar os dados das pessoas com quem você mantiver contato, indicando algum fato ou característica que as identifiquem. Isso é importante para você não perder o controle.

Imagine receber um telefonema do Luiz. Qual Luiz, afinal de contas?

*Luiz, 38, Campinas, velejador, Restaurante Kabul. Fone: 222-3333.*

*Luiz Antonio, 40, gosta de bike, São Paulo, café no Itaim. Fone: 333-2222.*

## Dois bons perfis

Escolhemos dois perfis que achamos muito coerentes em todos os aspectos.

### 1. Homem, 50

**Frase de chamada:**

Procurando: mulher divertida, resolvida e esportiva. Sem magoar nem ofender.

**Apresentação pessoal:**

Adulto, culto, esportivo, NO BAD HABITS. Sou executivo. Curto minhas FILHAS, esportes, natureza, praia, viagens, cinemas e shows. Procuro alguém que me ajude a manter uma vida balanceada, saudável e que me dê bons motivos para não trabalhar tanto quanto eu trabalho. Sou leal, transparente,

MUITO ativo e com carinho para dar e receber. Curto muito sair e viajar a dois, mas também com as filhas, amigos e outros casais. Busco neste site ampliar meus horizontes de busca. Espero conseguir sem magoar nem ofender ninguém. Minha busca é lenta, porém sincera.

### Descrição física:

Fui atleta (ainda sou, porém com menos intensidade do que gostaria). Minhas filhas me consideram um "coroa charmoso". Me cuido, e não faço feio... Chegam a me dar dez anos a menos do que realmente tenho (exagero...rsrsrs!!!!). Quer me conhecer?

### Descrição de quem busca:

Querer viver BEM a vida. Sair e se divertir com equilíbrio e responsabilidade. Esportiva e que goste de viajar no Brasil e exterior. Que deseje uma nova lua de mel de vez em quando. Inteligente, responsável e resolvida. Que se dê bem com minhas filhas, pois me esforçarei sempre para me dar bem com os filhos dela. Que ame aventuras e, por que não, algumas boas (rs) loucuras. Que pegue leve no "discutir a relação", o que tem que acontecer de vez em quando. Que entenda quão curta é a vida e saiba fazer valer a pena cada bom momento que passarmos juntos. *And please*, NO LIES.

### 2. Mulher, 42

### Frase de chamada:

The rest is silence.

### Apresentação pessoal:

Literatura, para mim, é paixão e trabalho. Adoro ficar sozinha tanto quanto adoro meus amigos. Tenho uma filhinha de

8 anos e sou muito amiga do pai dela (sim, isso existe). O melhor presente que você pode me dar – se quiser – é um livro.

O fato de eu procurar, num primeiro momento, uma relação descompromissada não significa que eu não seja doce e que você não deva ser gentil e me conquistar, o.k.?

### Descrição física:

Alta, bonita, pele bem branca, curvilínea, cabelo curto loiro, costas (inteiras) tatuadas. Pareço mais jovem do que sou – é bom saber disso, embora não seja algo com que eu me preocupe.

### Descrição de quem busca:

Não penso em namorar sério num primeiro momento (o.k.: nunca diga nunca). Não acho que "relação casual" queira dizer frivolidade e oba-oba (não no meu caso, pelo menos). Procuro um bom amigo com benefícios, que seja inteligente, culto (são coisas distintas), que me atraia. Bom humor é fundamental – um certo mau humor também pode ser interessante, rs.

## Excesso não é bom

Toda tecnologia é criada com uma boa intenção. O telefone celular permitiu que pudesse falar e ser encontrado em qualquer lugar. O notebook possibilitou que trabalhasse durante suas viagens e a internet permitiu que encontrasse alguém sem sair de casa.

Somos favoráveis ao uso da internet para a busca de alguém especial. Mas ela não pode se tornar um problema para você e para as pessoas de que gosta.

Isso acontece quando seu comportamento natural começa a ser afetado pelo uso intensivo dessa ferramenta. Como qualquer vício, você não percebe que está se envolvendo cada vez mais.

Os reflexos disso aparecerão em sua vida pessoal. Os amigos desaparecem. É claro, você nunca aceita um convite deles para sair!

Nada substitui o contato, a visão e o prazer do convívio. Avalie o tempo que você dedica à internet. Ele não deve ser maior que aquele dedicado ao lazer, incluindo sair com amigos, praticar esportes, ir ao cinema ou ler um bom livro. Acima de tudo, não crie uma rotina de ligar o computador como atividade principal.

> Ter pressa para encontrar alguém especial talvez seja o maior obstáculo para encontrá-lo.

# Capítulo 4

# O Primeiro Contato

É preciso escolher uma entre as diversas ferramentas que os sites oferecem para fazer contato. As formas mais utilizadas são o e-mail e a conversa pelas mensagens instantâneas do próprio site.

Enviar um e-mail é a melhor opção. Ele não é invasivo, pois permite que a pessoa tome conhecimento do seu interesse, acesse seu perfil, faça sua leitura e, se achar interessante, responda ao e-mail.

A utilização das mensagens instantâneas, chamadas "papo direto" por alguns sites, deveria ser feita apenas se a outra pessoa aceitar um convite seu para isso, feito por e-mail.

Fazer o primeiro contato com alguém que despertou sua atenção é um passo delicado e que requer alguns cuidados para evitar uma decepção.

Pessoas bonitas ou com um bom perfil podem receber dezenas de e-mails num só dia. O que vai tornar o seu mais interessante que o dos outros?

Quando você quer conhecer uma pessoa numa festa, possivelmente se apresenta, faz alguns comentários e conduz a conversa conforme a receptividade da outra pessoa.

Nos e-mails é possível manter esse padrão, mas você terá de esperar a resposta para saber como está sendo interpretado e, principalmente, se está agradando.

## Recebendo e-mails

Se você se interessou por quem enviou o e-mail, responda rapidamente. Não pense que você é a única pessoa para a qual ela enviou uma mensagem.

É comum iniciar e manter contato com algumas pessoas simultaneamente. Isso faz parte da seleção que acontece nos sites. À medida que alguém daquele grupo não é interessante, você interrompe a comunicação e incorpora outra em seu lugar.

Você verá que essa prática de conversar via e-mail ou teclado com várias pessoas é uma das boas coisas que a internet propicia.

Esteja preparado para receber todo tipo de e-mail – todos mesmo!

## Enviando e-mails

Se você está disposto a iniciar um contato, pode estar se perguntando o que dizer na primeira mensagem que enviar. Isso não é complicado, mas parece ser uma tarefa difícil para muitos.

Uma simples frase dizendo que você gostou do perfil da pessoa e que gostaria de conversar dá a oportunidade a ela de lhe responder.

Colocar o nome da pessoa ou seu apelido mostrará que você prestou atenção ao perfil e não está mandando um e-mail padronizado. Usar um mesmo texto para todos é algo que é facilmente percebido por quem os recebe.

Um elogio honesto é bom de se ler. Recebemos em nosso perfil feminino comentários sobre os lindos olhos da pessoa fotografada – embora ela estivesse de óculos escuros.

Revise o texto antes de enviar. Não é agradável receber um texto com erros gramaticais.

## A linguagem dos e-mails

Quando faz o primeiro contato, a mulher usa uma linguagem simples e objetiva. Diz exatamente o que deseja. No perfil masculino que colocamos no site, destacamos que gostamos de andar de bicicleta. O e-mail enviado por esta usuária mostra que ela leu nosso perfil.

> **Mulher, 34:** *Oi, tudo bem? Gostaria de conhecê-lo, que tal conversarmos para ver se temos afinidades? Eu não pratico nenhum esporte, mas se você não me deixar cair da bicicleta eu vou com você. Me escreva. Beijos.*

Outro exemplo de e-mail curto, objetivo e educado que recebemos é este:

> *Olá, através da busca no site descobri que você tem algumas características do perfil que procuro. Se quiser, leia meu perfil e me mande sua resposta... Se não interessar, desejo boa sorte... Beijos.*

Romances e novelas são ótimos em livro, não no primeiro e-mail. Veja este caso:

> **Homem, 35:** *Olllláááá, Marina... Bommm diiiaaaa!!! Tudo bem com você, querida? Eu gostaria de poder conhecer você, e quem sabe sairmos e conversarmos. Divertirmo-nos, e com respeito e carinho*

*talvez venha surgir um relacionamento mais profundo, sério e companheiro. Busco encontrar minha cara metade... hehehehehe... Vi seu perfil e simpatizei bastante com você. Não sou nenhum príncipe encantado montando seu cavalo branco com uma armadura dourada. Passo longe disso quando nos referimos à beleza estética do quadro. Sou um homem gentil, bem-educado e estou à procura de uma pessoa para um relacionamento sério e duradouro. Fui casado por 22 anos e não saberia mais viver sem uma companheira. A relação entre duas pessoas, quando é sadia, faz a vida a dois tornar-se bastante prazerosa. É bem isso que busco; gostaria de poder conhecer você melhor. Tenho dois filhos já adultos que são autossuficientes e não me preocupam mais, o que até facilita que eu reconstrua minha vida. Sou gerente industrial em empresa do ramo metalúrgico, também presto consultoria na área ambiental. Sou professor universitário freelancer em cursos de meio ambiente. Adoro passear em praias e hotel-fazenda, lugares que tenham muita natureza. Bem, no mais, se for de seu interesse, por favor, me responda. Podemos trocar MSN para conversarmos um pouco. Se você busca o mesmo que eu, então nos dê a chance de nos conhecermos. Vamos lá, se não der certo para uma relação mais intensa, que sejamos bons amigos, então. Ninguém sabe dizer o que o destino nos reserva para as próximas horas, não é mesmo? Então por que não nos darmos ao prazer de uma boa amizade? Quem sabe?*

*Beijo grande...*

Talvez você tenha lido esse longo e-mail que nos foi mandado, mas a maioria das pessoas não teria paciência e o destino dele seria a lixeira. Diferentemente deste, alguns e-mails são absolutamente positivos, sutis e deixam por sua conta o interesse do contato. Talvez o e-mail mais breve que recebemos tenha sido este:

**Mulher, 40:** *Gostei... Beijos.*

Ela não precisou dizer muito para falar que estava interessada.

**Mulher, 36:** *Oi, tudo bem? Gostei muito do seu perfil e o achei uma pessoa muito interessante. Escreva! Beijos.*

**Mulher, 34:** *Olá. Adoraria trocar ideias com você. Vamos? Beijos.*

## Insistência

Algumas pessoas perdem totalmente a referência do que é se comunicar e ser correspondido.

Se você enviou um e-mail para alguém interessante e não obteve uma resposta nos dias seguintes, é bem provável que a pessoa não tenha se interessado pelo seu perfil.

Mandar um segundo e-mail pode ser uma perda de tempo, mas se quiser arriscar, faça-o de forma gentil, dizendo que já havia enviado um e-mail anterior e que gostaria de fazer contato, pois você realmente está interessado.

No caso dos perfis que criamos, muitas pessoas se tornaram inconvenientes, mandando até dez e-mails inconformados por não terem recebido a atenção que imaginavam.

**Homem, 45:** *Sei que estou insistindo um pouco além da conta, mas não faria isso se não estivesse muito interessado e querendo te conhecer. Gostei muito da sua foto e perfil. Estou viajando por uma semana, mas estarei de volta na próxima semana. Espero que me responda. Beijos...*

## Dê tempo ao tempo

A sequência natural de uma conversa iniciada por e-mail é migrar para algo mais dinâmico, como uma conversa por teclado usando o bate-papo do próprio site ou o Messenger. Homens são muito precipitados e atropelam as etapas normais de conhecer alguém.

*Gostei do seu perfil, vamos teclar no Messenger?*

Esta é uma das frases mais comuns num primeiro e-mail. E talvez a mais ignorada. Alguns são mais precipitados ainda, tentam "facilitar" o contato mandando telefone, e-mail pessoal, sua página em sites de redes sociais.

**Homem, 38:** *procuro relacionamento sério. Quer me conhecer? Adicione Bonjour8444... hot (tenho câmera e microfone). Sou carinhoso. Qual o seu telefone? Eu te ligo agora. Acredito no amor e nada é por acaso...*

Quem faz isso no primeiro e-mail certamente nem se lembrará de você, caso decida ligar, pois esse mesmo e-mail foi enviado, na base do recorta e cola, para muitas outras pessoas naquele mesmo dia.

## Deixe seus relacionamentos passados para trás

Fale sobre eles num momento oportuno. Contar a história de sua vida sentimental no primeiro e-mail é desmotivador para quem recebe, mesmo que você tenha tido a boa intenção de ser transparente com relação a seu passado.

**Homem, 45:** *Olá, tudo bem com você? Adorei seu perfil gostaria de te conhecer, podemos? Olha, vou ser muito sincero com você. Te achei* *muito bonita e, sim, beleza é importante pra mim, mas também gostei do seu perfil, pois beleza não sustenta nenhum relacionamento. Meu nome é João e vou te contar um pouco sobre mim.*

*Sou diretor de uma agência de publicidade. Fui casado por 12 anos, mas não fui feliz. A gente mal se conhecia quando uma gravidez precipitou as coisas. Tenho dois filhos que são, antes de tudo, pessoas maravilhosas.*

*Me separei há quatro anos e quero encontrar uma pessoa que realmente possa ser minha companheira de vida. Minha amante e melhor amiga. Mas depois de umas tentativas de encontros românticos meios esquisitos, resolvi que quero fazer amizade a princípio... Vou te esperar.*

## Preservando a identidade até o primeiro contato

Algumas pessoas não colocam fotos no perfil por terem alguma restrição pessoal, profissional ou social. Nesses casos, quando fazem o contato inicial por e-mail normalmente explicam isso e anexam uma foto.

**Mulher, 31:** *Gostaria de te conhecer melhor. No meu perfil não há fotos, mas se interessar mandarei para o e-mail pessoal... Beijo.*

## Implorando sua atenção

O primeiro e-mail não deveria ter conotações negativas. Não é bom, por exemplo, se mostrar como alguém que não se valoriza. São pessoas que parecem implorar pela atenção de alguém, o que pode revelar uma personalidade problemática.

**Mulher, 45:** *Quero falar com você, me dê uma chance, por favor.*

**Homem, 38:** *Oi, menina, como vai? Me dê licença pra observar teu perfil? Caso queira, fique à vontade para olhar o meu. Não é grande coisa, mas sou feliz assim. Só falta encontrar minha rainha! Beijim e se cuide. Fred*

## Sendo objetivo e direto quanto ao que procura

Muitas pessoas colocam claramente o que querem no primeiro e-mail.

**Mulher, 34:** *Parabéns pelo perfil. Também faço triatlo. Estou procurando alguém para treinar junto. Não estou buscando aventuras, estou buscando um namorado. Se você olhar meu perfil e achar que podemos teclar, eu gostaria muito. Beijo.*

Alguns falam de aventura ou sexo. Independentemente de parecer grosseiro, esses e-mails já indicam o que a mulher vai encontrar se decidir ir adiante.

**Homem, 38:** *Sou sincero e muito safado. Procuro muito carinho e cumplicidade. Somente se quiser a mesma coisa entre em contato. Beijos.*

## O atrapalhado e sabe lá o que mais!

Este e-mail foi um dos mais engraçados que recebemos. Não precisamos falar nada. Leia!

**Homem, 25:** *Olá, boa noite. E aí, tudo bem? Então beleza. Olha só, são 20h20 e eu aqui admirando você. Sabia que adorei teu sorriso? Aliás, adorei tudo em você, e por isso estou aqui. Com certeza esta é apenas mais uma de várias mensagens que você recebe todos os dias. Todas com a mesma conversa fiada, cheias de lero-lero, exceto a minha, e posso te dar certeza disso, porque sou tudo o que você está procurando e posso ser muito mais.*

*Sou homem, bonito, alto, magro, mas posso ficar musculoso se você quiser; engraçado, divertido, amoroso, romântico. Lógico, tenho defeitos também, entre eles sou pobre, mas tão pobre que tenho dó de mim mesmo, mas isso é detalhe, não é? Espera aí, já volto.*
*Oi, desculpe a demora, fui atender o telefone, era o Fabiano, meu primo, querendo saber se a mãe dele estava aqui em casa. Ela saiu hoje para ir ao médico e ainda não havia voltado, coitada, cortou a mão. Enfim, voltando a nós dois, estou aqui para propor a você uma vida a dois, cheia de felicidade, amor, muita paixão, filhos, dinheiro, viagens. Sexo também não seria nada mal, não precisa ser nessa ordem... Bem acho que é o bastante, espero que você tenha paciência de ler essa mensagem enorme, e que não pense que sou um idiota... rs. Um superbeijo, linda...*

## Mensagens bem elaboradas

Como é agradável abrir um e-mail bem escrito e que transmite um astral legal!

**Mulher, 38:** *Gostei do seu perfil! Enfim, você é uma gracinha! Tenho algo muito especial: simpática, bem-sucedida financeiramente, pós-graduada, não vou pedir para ter conta conjunta nem para você comprar um carro novo para mim.*
*Gostaria de arrumar um namorado bonito, inteligente, e que tenha o mesmo padrão de vida que o meu. Será que é você?*

**Homem, 34:** *Conhece algum serviço de padre delivery em SP?... rs... Parabéns pelo seu perfil. Beijo.*

## Anúncio de classificados

Tem gente que usa os e-mails como se fossem anúncios de classificados vendendo um produto.

**Homem, 45:** *Meu nome é Ricardo, sou solteiro, não tenho filhos e procuro relacionamento sério. Caso haja interesse, deixe um recado. Meu e-mail é...*

## Novo na cidade

Alguns e-mails mostram que muitas pessoas utilizam os sites de relacionamento como forma de se integrar e conhecer novas pessoas quando mudam de cidade.

**Homem, 28:** *Li seu perfil e achei bem interessante, também pela sua beleza, mas principalmente pelas suas características! Bom, eu acabei de entrar no site e gostaria bastante de ter um primeiro contato com você. Não sei se tenho o perfil da pessoa que você procura, mas ficaria muito feliz com um contato seu! Moro em São Paulo. Pra ser sincero, acabei de chegar aqui nesta cidade gigantesca e ainda estou me adaptando e principalmente procurando novas e duradouras amizades.*

## *Sprechen Sie Deutsch?*

Provavelmente você vai receber e-mails escritos em outras línguas. Se você domina apenas o português, é provável que descarte imediatamente esse e-mail.

Se quiser ler, poderá usar alguns sites que fazem a tradução on-line de textos. Um bom exemplo desse tipo de site é o <http://translate.google.com.br>.

Você também pode usar um site como este para fazer o contrário: entrar em contato com alguém que não fala nossa língua. Na maioria das vezes a tradução fica suficientemente boa para que a mensagem seja compreendida.

## A conversa via teclado

Passado o encanto dos primeiros e-mails, teclar ao vivo com alguém é bem mais dinâmico e permite maior liberdade e intimidade na comunicação. Portanto é natural que todos queiram rapidamente usar os mensageiros do site ou programas externos.

Boa parte dos primeiros e-mails que recebemos faz esse tipo de convite.

**Mulher, 26:** *Olá! Gostei bastante do que li a seu respeito e sobre o que procura. Quem sabe possamos nos conhecer um pouco melhor? Se quiser conversar um pouquinho on-line, meu apelido daqui é o mesmo do MSN. Abraço.*

Utilizar o chat do site é muito prático quando você está on-line, fazendo buscas e lendo seus e-mails. Contudo apresenta uma desvantagem, que é a de permitir que qualquer usuário lhe envie uma mensagem, pois não há como esconder o fato de que você está on-line.

Muitas vezes você está falando com alguém e acaba interrompendo sua conversa várias vezes para recusar uma chamada de outros usuários.

O que fica muito claro é a quase compulsão dos usuários em saltar do site para o Messenger, onde se tem mais controle de com quem se fala e da forma como você pode aparecer, on-line ou off-line.

Isso mostra que a missão do site de relacionamento se encerra quando a comunicação individual e ao vivo se estabelece. Aí começamos a trazer o relacionamento para fora da internet.

## Driblando as limitações dos sites

Os usuários que não pagam assinatura geralmente não conseguem mandar endereços de e-mails ou apelidos do Messenger. Deles, podemos esperar um show de criatividade nos e-mails para burlar as limitações dos sites, que apagam ou eliminam as palavras **MSN**, **Hotmail** ou **Messenger** de seus e-mails.

Homem, 27: *Você chamou muito minha atenção, gostaria de me corresponder. Podemos? Por favor, passe-me seu e-mail ou* **mmssnn**. *Beijos.*

Homem, 41: *Gostaria de conhecê-la melhor e contar um pouquinho de mim. Se preferir meu contato, meu e-mail é wash, aquele site que significa* **quente em inglês**.

## O Primeiro Contato

**Homem, 29:** *Tudo bem? Vamos conversar no MenSageN. Basta você me adicionar. Rob35 depois* [ROTEMEIO] *assim nos falamos bem melhor.*

O próximo e-mail, além de "driblar" o MSN, tenta passar um número de telefone, que normalmente é bloqueado para usuários básicos.

**Homem, 45:** *Gostaria de falar com você no teu eme ese ene, meu e-mail é... Se quiser pode me ligar: (treze) seis zero um cinco nove zero um zero, estarei te esperando. Beijos...*

**Mulher, 33:** *Gostei do seu perfil, o que acha de conversarmos um pouco? Dê uma olhada no meu perfil também, daí basta utilizar meu nome aqui do site naquele papo rápido e de temperatura alta, quente – pense e saberá! Até mais!*

**Mulher, 28:** *Irei te enviar meu contato, se quiser me conhecer me inclua em sua lista ou me envie uma mensagem. Não entro muito aqui é mais fácil nos conhecermos falando por lá. Te passarei o contato de forma diferente, pois o site acaba bloqueando: carol_2009_sp(roobaaaa.... roottti....pooooo.....cooooom).*

**Homem, 47:** *Oi, queria te conhecer.* ATENÇÃO: *o site está censurando os endereços eletrônicos e números de telefone, então vou escrever abaixo meu endereço de forma errada de propósito mas será fácil você entender, o.k.?*
*hagraf (rroba) (rrot) com*

**Homem, 40:** *Gostei muito do seu perfil. Dê uma olhadinha no meu, se gostar me escreva, tá? Sou usuário comum e não consigo receber e-mails de usuários básicos. Caso queira me conhecer, use as letras maiúsculas das palavras abaixo:*

*P-apa*
*S-ierra*
*Y-ankee*
*C-scar*
*H-otel*
*O-scar*
*T-ango*
*mais aquela letrinha que fica no número 2*
*H-otel*
*O-scar*
*T-ango*
*M-ike*
*A-pha*
*I-ndia*
*L-ima*
*"pooontoo"*
*C-harlie*
*O-scar*
*M-ike*
*Beijos*

O próximo e-mail exige alguns conhecimentos específicos para desvendá-lo:

**Mulher, 43:** *Anote aí meu e-mail: ana7654 medida de peso empregada nos agronegócios, quente em inglês e correio em inglês.*

Traduzindo:
*medida de peso empregada nos agronegócios* = arroba (@);
*quente em inglês* = hot;
*correio em inglês* = mail.

O resultado: *ana7654@hotmail.com*

Veja ainda outras formas criativas de grafar o e-mail:

Hotmail: *msclearuc Kent correio*

Hotmail: *quente1/2 = ricardo + o resto default, o.k.?*

MSN: **eemmiiissssnnnniii** *o inicio é Leonardo*

MSN: *(papofino) nos* **bonekinhos que giram**

MSN: *podemos conversar no* **hemi hessiheni**

MSN: *Meu* **hemehessehene** *é o mesmo que meu perfil*

Telefone: *meu fone é* **novedoisoitoquatrozerodoisoitotres**

Pode até ser divertido ler um desses e-mails, mas investir numa assinatura e poder escrever livremente é o mínimo para quem deseja realmente conhecer alguém.

É importante lembrar que as assinaturas são a única forma que os sites possuem para obter recursos que são investidos na criação de facilidades para os seus usuários. Quanto mais assinantes pagos um site tiver mais recursos os usuários terão para encontrar seus pares.

## Quanto teclar?

Se os e-mails possuem vida curta, as conversas através do teclado duram o tempo necessário para saber se a pessoa tem atrativos que justifiquem passar à próxima etapa: a conversa telefônica.

Pode ser que com muitos usuários você estabeleça uma relação de amizade virtual que dure bastante via teclado, mas não passe daí. As próprias conversas vão estabelecer esse limite.

Com outros, a primeira troca de mensagens instantâneas vai ser o suficiente para encerrar o contato.

Se alguma das pessoas com as quais você está teclando ficar inconveniente, é possível bloqueá-la.

## O telefone

Já com as pessoas mais interessantes é natural que se queira passar do teclado para o telefone, e daí para um possível primeiro encontro. É importante que você esteja bem seguro para fornecer seu número. Ao contrário dos mensageiros eletrônicos, não dá para bloquear os telefonemas de alguém.

Ouvir a voz de quem era, até então, um ser virtual pode aumentar o interesse ou servir de balde de água fria. Talvez a voz não corresponda à imagem que você criou da pessoa.

No momento em que o telefone entrar em cena, sua relação virtual deixa de existir. Ela entra nos moldes convencionais.

## Usando uma webcam

A webcam é outra forma de comunicação. Oferece a vantagem de uma conversa ao vivo, mas abrirá sua intimidade para a outra pessoa.

Nessa hora, é bom existir a mesma vontade das duas partes, pois, ao contrário, um dos lados acaba se sentindo intimidado.

Nós, Daniela e Ramalho, nos conhecemos, trocamos e-mails, teclamos algumas vezes e passamos para a conversa telefônica em pouco tempo. Tentamos várias vezes marcar um encontro pessoalmente, mas nossas atividades profissionais acabavam impedindo esse encontro.

Havia falado com Daniela na quinta-feira por telefone. Tive uma viagem de última hora para a Inglaterra sem conseguir avisá-la. Na terça-feira, conectei-me ao Messenger no hotel de Londres e recebi uma chamada via teclado. Disse a ela que estava em Londres. Ela ficou surpresa com a viagem. Perguntei se ela não queria falar através do áudio do Messenger.

Sem querer, ela ligou a webcam que estava jogada atrás do monitor. Avisei-a sobre isso e ela disse que não costumava usá-la. Aproveitei a oportunidade para pedir que ela colocasse a câmera no lugar correto para que pudéssemos nos ver.

Ela disse que me chamaria de volta em alguns instantes. Aguardei ansioso, pois estava para ver alguém que eu tinha gostado muito nas conversas anteriores.

O encanto de ver alguém pela primeira vez causa um frio na barriga, mesmo sendo na webcam. Eu estava a milhares de quilômetros de distância, mas estava dentro do escritório da casa de Daniela.

Nossa conversa inicial foi de quem, literalmente, se via pela primeira vez. Ela me perguntou o que eu estava achando de falar com ela "ao vivo". Disse-lhe que eu estava vendo a foto do site se mexendo na minha frente, ou seja, ela era exatamente o que eu imaginava. O mesmo, ela me disse. Perguntei-a sobre alguns quadros que estavam na parede, atrás dela e ela me explicou a história de cada um deles.

Esquecendo totalmente do fuso horário, onde eu estava cinco horas à sua frente, nos prolongamos na conversa por algumas horas. Quando mencionei que eu estava com um pouco de sono devido ao fuso, foi que nos demos conta da hora. Para mim, eram quase cinco da manhã. Demos risadas e a partir daí não deixamos de nos falar pela câmera até que nos encontramos, mas aí já é outra história...

Este é um bom exemplo de como pode ser positivo o uso de uma webcam antes do primeiro encontro.

# AMAR.COM

Os e-mails de maior sucesso são curtos, amáveis e diretos. As respostas, por sua vez, devem ser igualmente atraentes, e mais um pouco. Evite mandar respostas ansiosas, carentes, exigentes e complexas.

# Capítulo 5

# Encontros

Encontrar alguém é o objetivo final de todos. A presença física é fundamental para estabelecer uma relação com alguém.

A mesma frase dita por alguém através do Messenger pode soar diferente se ouvida ao telefone e, principalmente, se for falada olhando nos olhos da outra pessoa.

As primeiras impressões são poderosas. Por mais que tentemos, não dá para negar o fato de que a imagem e aparência são importantes quando conhecemos alguém.

## Sendo você mesmo

Quase todos os encontros embutem algumas reações fisiológicas. Nervosismo e entusiasmo têm muita coisa em comum:

O coração bate mais forte.

A respiração fica ofegante.

A ansiedade pode levar ao exagero, e você pode começar a sorrir demais ou a fazer gestos repetitivos. Lembre-se de que seu corpo não sabe mentir. Inconscientemente, ele transmite seus pensamentos e sentimentos para as outras pessoas. Tédio, cansaço e desinteresse podem ser percebidos pela pessoa que está à sua frente.

## De volta ao perfil

Antes do primeiro encontro, faça uma coisa muito simples. Releia o perfil da pessoa. Isso poderá evitar algumas saias-justas. Você relembrará informações que o ajudarão a escolher o lugar do encontro, o tipo de comida e outros detalhes que poderão facilitar a conversa.

## O local de encontro e a segurança

Os contatos virtuais permitem que você conheça um pouco a pessoa antes do primeiro encontro. Isso causa uma falsa sensação de segurança no primeiro encontro. Você não tem um referencial dessa pessoa.

Procurar um local público é sempre mais seguro. Um café pode ser o lugar mais simples e menos comprometedor para um primeiro encontro. Uma livraria é uma boa escolha, pois normalmente tem um café e permite que vocês se sentem, conversem sobre livros e descubram interesses em comum.

Se os dois praticam esporte, um encontro num parque para pedalar, correr ou caminhar também pode ser interessante.

## Começando a conversa

Algumas pessoas parecem usar o primeiro encontro como uma sessão de terapia, trazendo toda a carga negativa de um relacionamento passado que não foi resolvido e expondo os vínculos emocionais ainda existentes. Às vezes, problemas e mais problemas de qualquer ordem parecem ser o tema preferido. Ninguém gosta de problemas, principalmente no primeiro encontro. Uma conversa leve pode transformar o primeiro encontro em vários encontros.

Quando descobrimos um interesse comum, recebemos um estímulo e experimentamos alívio. É mais fácil conduzir uma conversa com alguém desconhecido quando falamos sobre um assunto que é agradável a ambos.

Esse ponto de interesse pode ser o caminho para conhecer mais sobre o outro.

## Após o encontro

Se um encontro foi bom ou não, apenas você poderá dizer. O resultado vai depender do que você estava buscando, das atitudes da outra pessoa e da química entre os dois.

Entre os milhões de usuários de um site de relacionamento, apenas um será a pessoa especial que receberá sua aprovação para um namoro ou algo mais sério. Para chegar a ela, talvez você tenha de encontrar muitas pessoas.

Desses encontros podem nascer amizades duradouras, que terão prosseguimento nos bate-papos eletrônicos ou da forma convencional.

Na maioria das vezes, o primeiro encontro encerra seu ciclo de relacionamento com aquela pessoa e, possivelmente, nunca mais se falarão.

## Se você não gostou da pessoa

Quando um encontro termina e você dá graças a Deus ao entrar em casa, lembre-se de que pode finalizar a história de forma polida.

Dependendo do encontro, não é necessário mais nada. Nem você nem a outra pessoa vão se procurar novamente. Mas, em alguns casos, a outra pessoa pode não ter achado a noite tão desastrosa e continuar a procurá-lo.

Delicadamente, através de um e-mail, você pode dizer que não está mais interessado. É rápido e você evitará telefonemas da outra pessoa tentando convidá-lo novamente para uma saída.

## Se você gostou da pessoa

Considere também estar na situação oposta, em que você se interessou pela pessoa. Se ela não retornar seu telefonema ou e-mail, entenda que ela não gostou de você. Insistir é perda de tempo. Algumas pessoas não conseguem dizer não e usam a tática de não responder aos contatos.

## Histórias de encontros e desencontros

Neste capítulo, vamos relatar algumas experiências de encontros e desencontros que tivemos durante nossa estada na net, além de alguns casos de outras pessoas.

### *A professora de inglês – relato de Ramalho*

O perfil de Cristina era interessante. Com 42 anos, era professora de inglês de uma conceituada universidade em São Paulo. Depois de dois e-mails, conversamos um pouco pelo Messenger e trocamos telefones. As conversas eram agradáveis e sempre sobre viagens, línguas, nossas experiências passadas, mas nada muito pesado.

Um mês depois do primeiro contato, marcamos um encontro num restaurante que possui algumas varandas.

Ela disse que precisaria buscar a filha menor numa festa na casa do pai (era divorciada) e perguntou-me se isso seria um problema em razão do horário. Respondi que não e marcamos o encontro num horário compatível com seu compromisso de fim de noite.

Ela estava um pouco ansiosa, com um sorriso constante no rosto. Após alguns minutos de conversa, o clima estava bastante descontraído e ela queria saber como eu me sentia encontrando com alguém da net pessoalmente, pois era a primeira vez que ela estava tendo um *blind date* (encontros às escuras).

Disse-lhe que estava contente, pois a pessoa que estava à minha frente era muito bacana.

Senti que ali estava uma pessoa legal, que correspondia ao que eu havia percebido nas conversas, mas que não havia despertado algo mais especial do que uma boa amizade. A noite rendeu boas horas de conversa agradável. Depois daquele encontro nos falamos mais algumas vezes por telefone e Messenger, mas as conversas foram rareando até se extinguirem por completo.

## A montanhista – relato de Ramalho

Fazendo uma busca no site, encontrei o perfil de Luciana, 37 anos. O que me chamou mais a atenção foi seu lado esportivo, com muito destaque para atividades de caminhadas (*trekking*) e montanhismo.

Em seu perfil, ela deixava claro que buscava novas amizades no site. Seguimos o ritual de e-mails/Messenger/telefone.

Nunca gostei muito de ficar teclando. Sempre busquei abreviar essa fase, passando para conversas via áudio, no próprio Messenger ou por telefone.

Luciana, por sua vez, adorava teclar. Foi uma luta mudar esse comportamento. Nossas conversas foram muito boas e houve uma grande empatia de ambas as partes.

Era uma mulher independente, que trabalhava como arquiteta e preservava muito sua individualidade. Havia sido casada por dez anos. Não acreditava muito nos sites de relacionamento, mas por insistência de uma amiga acabou se cadastrando e gostando do ambiente da internet.

Nas conversas telefônicas, ficava claro que uma amizade se formava. Quando decidimos nos encontrar pela primeira vez, sabíamos que nossa relação já estava formatada assim. Isso sem nunca termos falado nada explicitamente.

Ela havia conversado, pela internet e por telefone, com muitas pessoas da net, mas havia encontrado pessoalmente pouquíssimas. Com uma delas iniciou um namoro que foi interrompido de forma brusca. Isso havia deixado-a muito magoada e ela havia se fechado para relacionamentos amorosos na internet, mas não para amizades.

O encontro foi num café no bairro dos Jardins, em São Paulo. Levei, a seu pedido, alguns, álbuns fotográficos de minhas viagens de bicicleta. Ela adorou as fotos e perguntou se eu não precisava de uma carregadora de malas numa próxima viagem. Rimos muito naquela noite.

Voltei para casa com a certeza de ter encontrado alguém muito especial. Nos meses seguintes nos encontramos com alguma regularidade, como bons amigos, o que somos até hoje. Mesmo tendo nos afastado devido ao corre-corre diário, quando nos falamos, mesmo depois de meses de distância, parece que nos vimos há poucos dias.

### Grande Marcelo e a lei seca – relato de Daniela

Marcelo foi uma pessoa com quem simpatizei logo via e-mail. Conversamos algumas vezes no MSN e por telefone.

Era diretor de um grande banco, muito inteligente e culto. Eu sabia, pela foto, que não rolaria nada físico, mas fiquei com vontade de ter uma noite de bom papo e de repente fazer um bom amigo.

Encontramo-nos num restaurante supertransado de São Paulo. Foi gostoso até a hora que ele pediu a terceira garrafa de vinho. Comecei a sentir que já ele estava tonto, falando estranho e pegando na minha mão.

Fomos embora e ele deu 200 reais ao manobrista que trouxe nossos carros. Nossa, que susto!

Tchau, beijo, falamos algumas vezes por telefone e via Messenger, e nunca mais.

Alguns meses depois, na semana em que a lei seca foi instaurada, eu estava sentada em um balcão de um restaurante japonês. Havia uma televisão pendurada bem na minha frente, transmitindo um noticiário. Era uma matéria sobre a lei seca.

Lá estava ele, sendo retirado de seu Porsche por policiais e colocado numa viatura policial. A câmera focalizou seu rosto; ele deu uma risada e mostrou a língua.

Fiquei pensando: o que será que acontece? Tão bem-sucedido profissionalmente, com acesso a tantas coisas bacanas, mas sozinho, sempre bebendo.

## Cláudio, editor de um grande jornal de São Paulo – relato de Daniela

Os e-mails eram sintonizados e tão bons! Ele escrevia muito bem, dava frio na barriga. Tínhamos muitos interesses em comum.

Depois vieram as conversas por telefone, longas. A foto do perfil era de rosto, com óculos escuros e com uma praia paradisíaca ao fundo.

Combinamos de nos encontrar para ir ao cinema e depois jantar.

Bom, jamais iria reconhecê-lo, usava uma foto fabulosamente distinta do que ele realmente era. Baixo, óculos de grau com lente pra lá de grossa, gordo.

Mas ele tinha comentado que fazia tanto esporte quando comentei que pedalava uma *mountain bike*!

Ele me chamou e comentou: "Você não me reconheceu, né?". "É", respondi.

Assisti ao filme, pois já estava na porta do cinema e queria muito assisti-lo. Logo depois, em vez de jantar, disse-lhe que estava com dor de cabeça e fui embora.

Cheguei em casa e feliz abri a porta do meu ninho. Tanto tempo jogado fora.

Acho que ele entendeu que com aquela mentira não rolaria nada. Que pena! Será que ele poderia ter virado um bom amigo?

## Roberto querendo me apresentar a seu pai – relato de Daniela

Um dia abro uma mensagem na caixa de entrada do site e vejo a foto de um menino lindo de uns 20 anos.

Supercuidadoso e carinhoso, explicou-me que estava passando o fim de semana na casa do pai, que era separado da mãe.

Abriu seu laptop, com o pai do lado, e navegou um pouco, mostrando o mundo dos relacionamentos virtuais para ele, que não tinha intimidade com o computador. O pai dele gostou do meu perfil. Roberto contou-me um pouco de si mesmo, do que buscava na net e depois do pai.

Respondi e comentei que, se o pai quisesse me escrever, não haveria problemas.

Depois de alguns e-mails, Roberto pediu meu telefone, mas recusei. Mandou-me uma foto e o telefone do pai.

Por alguma razão, talvez a própria falta de iniciativa do interessado, não tive vontade de conhecer "o pai do Roberto". Mas foi muito fofo ele tentar colocar o pai em contato comigo.

## Arthur, o piloto de voos internacionais – relato de Daniela

Recebi uma mensagem curta e objetiva: gostei do seu perfil e gostaria de te conhecer.

A foto do perfil era interessante. Trocamos dois ou três e-mails e fomos para o telefone. A voz não era das mais cativantes, mas não dá para ter tudo.

Foram algumas conversas rápidas, mas legais, entre as viagens dele e meu trabalho. Passaram-se algumas semanas até o primeiro encontro num restaurante.

Totalmente sem assunto, ele era bonito pessoalmente, mas nada sedutor. Só falou sobre marcas famosas de tênis, raquete, roupas e das compras que fazia durante as curtas viagens a diferentes partes do mundo.

Cansei de perguntar conversar e, por fim, queria ir embora.

Quando nos despedimos no estacionamento, ele se aproximou, abraçou-me e tentou me beijar. Por que será? Não teve clima durante o encontro. Será que é a falsa sensação da conquista? Virei o rosto, e não nos falamos mais.

Minha busca era lenta, pois nunca tive pressa na net.

### Homem-Aranha e um único encontro – relato de Daniela

Uma história rápida! Poucos e-mails, mas legais, algumas conversas gostosas por telefone. Pedi mais uma foto dele, porque a do perfil era bem fora de foco.

Ele me respondeu que era só imaginar. Era muito parecido com o *Homem-Aranha 3* e algumas pessoas já o haviam parado na rua para perguntar se era o próprio.

Tudo bem, vamos para o encontro. Marcamos num café no meio do caminho para os dois. Não o achei parecido com o *Homem-Aranha 3* nem 2 nem 1. Era acima do peso, mais velho e com pouco cabelo.

O papo rolou, mas eu já tinha ficado sem graça com a mentira sobre a aparência física, que costuma fazer parte do *business*.

Parece que a pessoa conquista sua confiança para depois, no primeiro encontro, fazê-la desaparecer.

### Marco, um mundo a ser desvendado – relato de Daniela

E-mails, depois telefone – a voz era superbonita. Parecia ser um homem interessante, a julgar pelas conversas e viagens. Parecia um magnata na ponte aérea Moscou-Paris.

Combinamos um encontro em um café que ficava perto da casa dele.

Fazia frio e resolvemos pedir um chocolate quente. A conversa rolava bem, ele era charmoso.

Fizemos o pedido para o garçom. Antes de anotá-lo, o rapaz comentou com Marco que era necessário acertar uma conta pendente. Que vergonha que me deu! Manjado no lugar e caloteiro.

Acionei o que, na época (meu começo na net, 2002), era minha válvula de escape. Meu celular estava no bolso do meu casaco com o *send* no número do celular da minha irmã, que sabia sobre minha saída. Ao ver meu número chamar uma vez no visor, ela me retornava a ligação e eu atendia. Assim, eu alegava ao meu acompanhante que, por alguma razão de emergência, tinha de sair naquele momento. Que alívio entrar no meu carro e sair daquela roubada!

Aquilo provavelmente era uma antessala do matadouro, já que sua casa era ali perto.

A coisa mais esquisita foi receber um telefonema dele no meu celular depois de uns bons seis meses. Era dia 24 de dezembro, fim de tarde. Quando atendi e me dei conta de quem era, fingi que a ligação estava ruim. Alô... alô, e desliguei. *Vapt-vupt*. Nunca mais ouvi falar.

## Escapando no último minuto – histórias de Murilo

Murilo tem 47 anos e é bem-apanhado. Faz sucesso com as mulheres. Tem uma boa conversa e, mesmo tendo um perfil sem foto, consegue atrair a atenção de muitas pretendentes. No fundo, ele quer encontrar uma companheira para dividir sua vida, mas enquanto isso não acontece...

Murilo já se encontrou com um número incontável de mulheres. Fez muitas amizades que duram até hoje, seja pelo Messenger ou pessoalmente. Entre seus muitos encontros, não deixa de lembrar dois em que acabou evitando o encontro no segundo final.

## Perfume mata

Maria morava em Santos e Murilo em São Paulo. Falavam-se pelo Messenger com frequência. Numa ida, a trabalho, para a Baixada Santista, resolveu marcar um encontro com Maria. Como os dois estavam de carro, resolveram ir a um local onde deixariam um dos veículos e sairiam no outro. Murilo parou o carro ao lado do de Maria. Abriu a porta e foi até o carro dela. Quando estava a um metro da porta, ela abaixou o vidro. O cheiro de perfume muito forte e ruim que emanava do carro quase o derrubou. Com as pernas bambas, teve um segundo de lucidez e rapidamente disse a ela que seria melhor deixar os carros em outro lugar. Voltou a seu carro, engatou a primeira marcha e retornou para São Paulo. Uma grande sacanagem por parte dele.

## O blazer vermelho

Seu trabalho fazia que ele viajasse bastante, o que facilitava manter contatos com pessoas de outras cidades. Numa dessas viagens, resolveu encontrar Márcia, que morava em Campinas. O encontro foi marcado num grande shopping da cidade. Murilo chegou ao shopping e ligou para o celular de Márcia. Ele estava num andar e ela o aguardava no andar de cima. Murilo estava numa escada rolante quando perguntou sobre a roupa que ela usava. "Estou com um blazer vermelho."

Quando chegava ao final da escada rolante, a visão do blazer vermelho sentado numa mesa poucos metros adiante do final da escada foi desconcertante. Ainda falando com Márcia ao celular, Murilo continuou andando, virando um pouco de lado, enquanto passava pela moça. A conversa continuou até que ele chegou ao carro e voltou para São Paulo.

Ele não se arrepende da desistência no último segundo. O perfume era insuportável e a dona do blazer vermelho parecia vir de outro planeta, não tendo nada a ver com a foto do perfil.

## Marisa e a mansão que não existia

Ela entrou no site e lá estava o e-mail de alguém que parecia interessante. Respondeu e, quando viu, todos os dias, na mesma hora, estava falando com alguém que nem imaginava quem era, mas que lhe parecia tão próximo.

Trocaram telefones. Marisa ouvia um cachorro latindo e muito eco. Parecia que ele falava de uma casa enorme.

Os primeiros encontros foram perto de onde ele dizia morar, em uma praça cercada de mansões. Passaram-se alguns meses e ela conheceu o local onde ele morava. Muito, muito longe daquela praça! "Um bairro residencial, simples, uma casa modesta, com um longo corredor e um cachorro preso em uma coleira no começo dele", disse Marisa.

A relação durou mais de um ano, o tempo todo marcada pela briga de realidades entre o corredor com o eco do latido e aquela praça linda cercada de mansões.

## Felipe, em descompasso com a realidade

Todos gostam de ganhar presentes! Mas dessa vez foi diferente.

Comecei a sair com Felipe depois de pouco tempo de conhecê-lo em um site.

O primeiro encontro foi num restaurante francês supercharmoso, à luz de velas. O garçom parecia ter intimidade com ele, ou seja, aquele era o lugar de seus prováveis encontros. Houve empatia mútua.

Logo depois do primeiro encontro, uma plantação de rosas vermelhas colombianas chegou à minha casa.

Eu sempre trabalhando muito e ele viajando a negócios como executivo.

Ele tinha acabado de chegar da Costa Rica e queria me ver. Trouxe muitos chocolates Lindt, pois sabia que eu adorava. Jantamos num restaurante japonês muito legal.

No terceiro encontro, saímos com os primos dele que estavam aqui em São Paulo para um fim de semana. Durante a conversa, um dos primos perguntou como ele se sentia sendo avô pela primeira vez. Vi que ele ficou sem graça, deu uma resposta vaga e mudou de assunto. Tinha mentido sobre a idade, coisa que para mim não fazia a menor diferença.

Na quarta vez que saímos, juntando as peças do quebra-cabeça dava para sentir que faltavam algumas.

Em um fim de tarde de domingo, conversávamos num café quando ele disse que iria até a vitrine de doces e já voltava. Em alguns instantes, a moça da mesa ao lado foi servida de um doce e notei que havia um cartão de visitas junto a ele. Achei que ele tinha dado seu cartão para a garçonete entregar a ela.

Voou naquela noite para Los Angeles a trabalho e programou um fim de semana mais longo para visitar "sua filha, genro e netinho". Aí sim o descompasso aconteceu.

Um dia, chegando do trabalho, encontro um envelope e uma caixinha de presente. Abro o envelope e encontro uma passagem de avião para Los Angeles com um bilhete pedindo para ligar para sua secretária. Quando comecei a desembrulhar a caixinha, leio a palavra "Tiffany". Pela pequena fresta pude ver um par de brincos.

Logo depois disso, liguei no seu celular. Falei que tinha tomado um susto e que jamais poderia aceitar aquilo, não existia entre nós nenhuma intimidade para tal.

Ele me respondeu muito indignado e irritado, dizendo que já estava com hotel reservado e ingressos para o show de Jack Johnson. Avisei que não iria. Depois daquele dia, nunca mais nos falamos.

## Ligia, sem limites

Ligia, 42 anos, abandonou as formas convencionais de conhecer pessoas desde que se associou a um site de relacionamento em 2004. "Não sei como seria minha vida afetiva sem um site desses."

Depois de um monótono casamento, resolveu recuperar o tempo perdido e decidiu que iria usar o site para sair com muitas pessoas. Adotou uma postura bem ousada. Queria encontrar alguém especial, mas não queria gastar muito tempo até chegar a hora de intimidade com alguém. Se o pretendente é interessante não deixa de transar na primeira noite. Segundo ela, já gastou muito tempo com algumas pessoas para chegar na hora do sexo e se decepcionar. Decidiu então testar logo e se o resultado for bom, continua os encontros, que eventualmente podem acabar numa relação.

No começo de sua experiência na net, queria logo namorar depois da primeira saída, mas viu que isso assustava os homens. Saiu da net quando começou um namoro que durou um ano e meio.

Ao voltar, mudou de postura, não quer namorar, procura um amigo "com benefícios".

Uma das coisas de que mais gosta no site é usar as ferramentas de busca para realizar suas fantasias, que não são poucas. Homens muito tatuados, marombados, carecas ou muito altos são alguns de seus alvos.

Certa vez, começou a sair com um desses marombados. Uma noite, ele disse que passaria para buscá-la, mas precisaria dar uma carona para o irmão. Quase morreu de susto quando viu que o irmão dele era outro marombado com quem ela havia trocado alguns e-mails.

## Ricardo, infidelidade através do mouse

Ricardo, 32 anos, está em sites de relacionamento desde 2002. Já teve mais de trinta encontros e namorou seis mulheres. É um homem bonito que realmente atrai as mulheres. Suas fotos no site são chamativas.

Não tem vida social, mas não acha isso ruim. Mora sozinho e a internet é uma diversão e ferramenta para fazer amizades.

Nunca teve decepções no primeiro encontro, pois filtra muito suas buscas e desenvolve uma conversa e análise das pessoas antes de ir para o primeiro encontro. Namora há dois anos e dois meses. Desde que começou a namorar, desativou e reativou seu perfil algumas vezes. Hoje mantém sua intenção no site como "procura amizade e diversão".

Gosta de conversar com outras mulheres e ter o ego massageado nessas relações virtuais. Não é fiel. Se encontrar uma amizade muito legal na internet, não descarta ter algo mais, porém sempre avisa que está num relacionamento "que não vai muito bem das pernas", mas que não tem intenção de terminá-lo.

"Sou um cara legal, gentil, que sabe cuidar de uma mulher. Isso faz com que elas se apaixonem."

Busca primeiro amizade e depois sexo. Mesmo tendo namorado seis pessoas que conheceu na net, nunca se apaixonou por alguém.

Sua namorada se recusa a admitir para as outras pessoas que o conheceu na internet. Ricardo tem um dilema, acha que sua namorada é muito especial, mas não acredita que vá se casar com ela, ou até mesmo se casar e ter filhos com alguém.

## Lidando com a net depois que um relacionamento começa

A internet pode servir de cupido, mas também pode ser a causa de muitas separações.

Uma vez que uma relação amorosa nasce através de um site de relacionamento, o casal precisa deixar muito claro como será sua postura com relação à internet dali em diante.

Se você iniciou uma relação séria com alguém, é muito sensato que o casal desative seus perfis no site. Manter no Messenger contatos de pessoas que se conheceu pelo site é outra situação muito delicada e tema de frequentes discussões.

Se o namoro não der certo, você pode criar novamente o perfil. Você sabe que isso não leva mais que alguns minutos.

Agora, se a relação que você criou não é sólida o suficiente para que você abandone a internet, considere a atitude da outra pessoa. Se ela saiu da internet e descobrir que você continua por lá, certamente um grande problema vai ser gerado e talvez a relação não vá adiante.

Conhecemos algumas pessoas que mesmo namorando não deixaram a net. Criaram perfis escondidos do parceiro e continuam a procurar pessoas.

Uma dessas pessoas criou um perfil sem foto para não ser descoberto pela parceira.

## Convivendo com fantasmas

Assim como você, seu parceiro também deve ter tido vários primeiros encontros. Muitas vezes, é possível que você tenha de conviver por algum tempo com ligações telefônicas de pessoas que insistem esporadicamente em fazer contato com seu parceiro. Não adianta ter ciúmes. Essa fase passa. Ou pelo menos deveria passar...

Encontros e desencontros. Assim é o caminho de quem busca alguém especial. São histórias únicas, mas que provavelmente já aconteceram milhares de vezes.

Um encontro entre pessoas que se conhecem pela internet é sempre um *blind date* ou encontro às cegas. Mesmo que você tenha visto a foto da pessoa, falado ao telefone ou até mesmo usado uma webcam, *na hora do encontro a pessoa pode se "transformar". Algumas vezes para melhor, outras para pior.*

# Capítulo 6

# Casos Reais

Um casamento, um namoro ou uma amizade conseguidas através de um site de relacionamento são o resultado positivo da passagem de alguém pela net. Algumas histórias parecem durar para sempre, outras têm vida curta, mas todas simbolizam a eterna busca de uma pessoa especial.

Neste capítulo contamos a nossa história e outras que tiveram sucesso.

## Ramalho e Daniela

(*Ramalho*) Minha experiência com sites de relacionamento começou quando propus a uma editora uma matéria sobre esse tema, "O amor nos tempos da internet", em que eu mostraria como funcionam os sites. Mal sabia eu o que me aguardava...

Cadastrei-me em dois sites e comecei fazer contatos com algumas pessoas que julgava interessantes. Não pretendia encontrar alguém. Buscava falar com pessoas e obter material para minha matéria.

Durante as buscas, passei pelo perfil de uma mulher que me despertou o interesse pelo fato de gostar de pedalar com *mountain bike*. Não entrei em contato imediatamente, mas voltei para ver aquele perfil mais de uma vez.

Algum tempo depois, recebi um e-mail dela dizendo ter gostado do meu perfil e que também pedalava. Não temos esse primeiro e-mail registrado, mas minha resposta, sim.

**De:** *joeramalho*
**Para:** *Nina*
**Assunto:** *Olá*

*Também gostei do seu perfil. Se quiser continuar a conversar, vou te passar meu e-mail convencional, que também é o código do Messenger: xxxx@hotmail.com*

*Se quiser ver algumas fotos das minhas últimas travessias, dê uma olhada nos sites...*

*Abraços,*

*José Antonio*

(*Daniela*) Durante alguns anos, entre um namoro e outro, entrava em sites de relacionamento. Um dia vi que um ciclista visitou meu perfil. Sem hesitar, com o elo da bike, escrevi para ele. Naquele momento eu estava num ritmo muito intenso de trabalho e ele com muitas viagens.

(*Ramalho*) Havia gostado muito da foto que ela usava no Messenger. No lugar da minha foto, coloquei a capa do meu livro *Guia da mountain bike*, que havia acabado de lançar. Ela me perguntou onde eu tinha comprado o livro. Disse-lhe que o livro estava disponível nos sites de livrarias. Ela não percebeu que eu era o autor do livro.

Daí uns dias, ela me liga dizendo que havia comprado e estava gostando. Quando eu disse que tinha me dado muito trabalho escrevê-lo, aí ela percebeu que eu era o escritor. Demos muita risada.

Tentamos marcar de nos encontrar, mas nunca dava certo. Até achei que ela não tinha se interessado muito. Tive uma viagem de última hora para a Inglaterra e quando me conectei ao Messenger uma noite, lá estava ela.

Aquela noite foi muito especial. Foi o nosso primeiro "encontro", pois usamos a webcam para nos vermos. [Esse episódio é contado no Capítulo 4, no tópico "Usando uma webcam".]

*(Parênteses 1). Enquanto escrevemos este capítulo no café de uma grande livraria de São Paulo, ao nosso lado está acontecendo um provável primeiro encontro de duas pessoas que se conheceram na net. É impossível deixar de ouvir a conversa.*

*A moça apresenta sinais de ansiedade, sua perna está agitada, e ela toma chocolate quente na xícara, com canudinho. Daniela queria ir conversar com eles e entrevistá-los, mas consegui segurar seu ímpeto e deixá-los a sós. Pelo pouco que vimos, não rolou uma química entre eles.*

(*Daniela*) Resolvemos nos encontrar no dia que ele voltou de outra viagem. Sugeri encontrá-lo perto de sua casa, pois achava que ele deveria estar cansando da viagem. Durante a viagem, não deixamos de conversar via Messenger e telefone. Depois o fiz lembrar de como ele foi folgado em aceitar que eu me deslocasse 35 quilômetros para esse primeiro encontro quase na esquina da casa dele!

Estacionei o carro, peguei meu celular e liguei para ele, que em dois segundos se virou, a uns 20 metros na minha frente. Olhou-me com um sorriso que me fez sentir muito feliz.

Foi um café com uma conversa tranquila e entrosada. Ele me mostrou no laptop as fotos dessa viagem e algumas outras aventuras de bike. O tempo passou muito rápido e ele me convidou para jantar.

No restaurante começamos a nos olhar de maneira diferente, demorada... Uma mão começou a tocar a minha. Apesar de estar curtindo tudo aquilo, não esperava aquele contato físico, mas devo dizer que foi uma sensação que todo mundo gosta de sentir. Parecia ter encontrado alguém que faria parte da minha vida.

*(Parênteses 2) Vinte e quatro horas depois estávamos no mesmo lugar, escrevendo este capítulo, quando percebemos que, na mesa ao lado, outro encontro acontecia. Desta vez a coisa era mais séria. Era um casal que certamente já se conhecia. Ela chegou primeiro, pediu água e lia um livro enquanto o aguardava.*

*Dava alguns sorrisos sozinha, talvez ansiosa ou lembrando algum momento que viveram. Ele chegou, trocaram um beijo no rosto e durante o pouco tempo que ali ficaram os olhos dos dois brilhavam. Alguns beijos mais intensos eram trocados. Ele tinha aliança na mão esquerda, ela não. Saíram dali como dois amigos, sem mãos dadas ou outro sinal de intimidade...*

*(Parênteses 3) O mundo parece se encontrar em cafés de livraria. Mal o "casal" tinha saído, vimos chegar uma amiga nossa e um acompanhante. Sentaram-se conosco e começamos a conversar sobre o que fazíamos ali. A conversa sobre encontros na net foi oportuna, pois ela disse que havia conhecido seu amigo em um site de relacionamento. Dali em diante foram muitas histórias de encontros e desencontros.*

Na despedida, um beijo roubado. Saí muito alegre e me esqueci da vida e do limite de velocidade. Várias multas chegaram, mostrando todo o meu trajeto pela cidade. Foi muito bem documentado! O resultado foi desastroso. Os pontos que ganhei foram suficientes para perder a carta de motorista.

Ele me ligou no celular para perguntar se estava indo tudo bem, pois já era muito tarde da noite. Disse que já tinha chegado em casa, e ele se espantou com a rapidez. Depois, ele entendeu quando mostrei várias fotos do meu carro estampado nas multas.

Dormi superbem essa noite, e no dia seguinte ele me ligou. A partir dali a vontade de se ver aumentou. Nos encontramos dois dias depois, totalmente apaixonados.

(Ramalho) Marcamos para, no fim de semana seguinte, pedalar numa trilha com um grupo de umas cinquenta pessoas numa cidade próxima de São Paulo. A moça realmente era aplicada. Às sete da manhã estava com sua bicicleta no ponto de encontro.

Já se passaram quase dois anos desde que nos conhecemos.

## Gláucia e Philippe

Gláucia se cadastrou em 2001 num site de relacionamento, depois de terminar uma relação de muitos anos com um médico. Entre idas e vindas, outros namoros, traições e desencontros, estava sozinha, já sem esperança de encontrar alguém com as características que sonhava.

Cansada de relacionamentos com brasileiros e sempre escutando que os estrangeiros eram grandes maridos, pais, amantes perfeitos, resolveu arriscar. No dia 25 de dezembro de 2006, Papai Noel lhe concedeu um presente dos céus! Encontrou o perfil de Philippe, um francês.

*"Ele era esportista, aventureiro, mochileiro, tinha um sorriso encantador, lindo e moreno. Mandei uma mensagem e ele respondeu na mesma hora. Eu estava passando o Natal com minha família em Belém e logo retornaria para o interior do Maranhão, onde eu trabalhava como dentista. Lá, não existia telefone fixo na casa nem celular, nem internet. Nossa comunicação ficaria reduzida a um telefone público"*, diz Gláucia. *No dia*

*7 de janeiro de 2007, Gláucia precisou partir para o Maranhão. A despedida pela internet foi dura; Philippe chorou.*

Para a surpresa dela, 15 dias depois chegou na pequena cidade do interior um cartão-postal de Philippe dizendo que estava muito feliz de tê-la encontrado. Logo após, Philippe telefonou no Dia dos Namorados na França, 14 de fevereiro. O acesso à internet era difícil, ela viajava horas ao encontro virtual do amado. Era pau de arara, mototáxi, ônibus, *ferry-boat* até chegar à capital, São Luís. Dez horas de viagem no total.

Gláucia ficava horas em cybercafés. Eram e-mails, buscas incansáveis por lugares com webcam. Foi preciso paciência, determinação, desejo e muito amor. Philippe nasceu na França, mas é filho de português (por isso fala a nossa língua, o que ajudou na comunicação do casal).

Foram meses de troca de presentes via correio, até que ele não resistiu e comprou uma passagem para o Brasil. Combinaram um encontro em Fortaleza, no Ceará, dia 22 julho de 2007. O encontro foi filmado por Philippe. Sorrisos, timidez, mãos trêmulas, coração a mil e um beijo marcaram o encontro. Ele, que veio passar um mês no Brasil, ficou seis, abandonou o emprego na França e só retornou para lá em janeiro de 2008.

Philippe partiu, mas ficou noivo de Gláucia. Em agosto de 2008, ela foi para França encontrá-lo.

*"Chegando ao aeroporto de Paris, meu coração disparou ao vê-lo de longe. Ele me abraçou tão forte, que tirou os meus pés do chão, e me beijou. Recepcionou-me com chocolates e fomos caminhando pelas ruas, puxando minha pequena mala, de mãos dadas. Ele me levou à Torre Eiffel e disse que queria ficar comigo para sempre. Eu estava já completamente envolvida, apaixonada, amando!"*, diz Gláucia.

Eles se casaram em Belém do Pará em agosto de 2009.

*"Ainda não acredito que tudo isso aconteceu comigo, parece um sonho. Nem sempre a troca de olhares significa amor verdadeiro e eterno. Acredito em algo chamado destino, e acredito que nunca devemos desistir dos nossos sonhos. Aconselho a todos que tenham paciência, determinação e acreditem que seu par perfeito existe, mesmo que do outro lado do mundo. Alguns acham que recorrer à internet é algo absurdo, pois você não tem o contato físico e o convívio. Talvez racionalmente isso seja verdade, mas entre o amor e a razão, eu ainda fico com o amor"*, afirma Gláucia.

## Luka e Luca

Valentina foi para a Índia numa viagem de férias em abril de 2000 e ficou três semanas. Voltou completamente fascinada pela cultura indiana.

No Brasil, começou a pesquisar na internet tudo relacionado com o país de sua viagem. Entrava em chats para fazer amizades com pessoas de lá.

Um dia, resolveu se cadastrar num site de relacionamento buscando encontrar alguém da Índia. Recebeu um e-mail de alguém que tinha um apelido igual ao seu.

Ela pensou que era um e-mail de uma mulher, mas depois viu que apenas os *nicks* eram parecidos. Aí, começou a sua história.

Teclaram pelo Messenger e falaram mais ainda ao telefone. As conversas ficavam cada vez mais intensas, e presentes eram trocados. Um dia chegou um pacote com um sári dentro. Com a ajuda da irmã, ela fez uma produção vestindo o sári, divertiram-se muito e tiraram fotos que foram parar nas mãos de Luca.

Um dia me vi apaixonada. A cada telefonema me envolvia mais com o indiano que imaginava, mas nunca tinha encontrado.

"Quero te ver", disse ele, "vem para cá".

Eu queria muito, mas não podia, pois tinha dois filhos pequenos e um trabalho em uma multinacional. Disse que a única possibilidade de nos vermos seria ele vir para o Brasil. Um mês depois ele chegou. Só fazia dois meses que havíamos tido nosso primeiro contato. Tivemos uma intimidade imediata. Foi uma paixão avassaladora. Ele chegou e ficou em casa. Largou uma vida na Índia. Não queria voltar mais. Só que depois de um mês o pai dele começou a ligar pedindo sua volta. Ele tinha negócios por lá, e a pressão familiar era muito grande.

Tendo de voltar, me disse: "Ou a gente casa ou acabou, pois não posso namorar alguém no Brasil vivendo na Índia". Depois de um mês casamos no civil, escondidos da família. Ninguém entenderia um casamento tão repentino.

Depois de quatro dias do casamento, ele teve de voltar para a Índia para resolver sua situação por lá e somente então retornar ao Brasil. Não tinha data exata para regressar. Cada semana que passava eu acreditava que tinha sido vítima de um golpe. Era muito difícil conviver com aquela situação.

Não podia compartilhar com ninguém, pois nem minha irmã, que era minha cúmplice, sabia do casamento. Dois meses depois, ele me ligou dizendo que estava chegando.

Voltou sem nada, e começamos do zero uma vida a dois. Depois de cinco anos nasceu nossa filha. Uma princesa geniosa. Dez anos depois, continuamos juntos, e ainda vou casar de véu e grinalda.

## Priscila e Waldir, um casamento em dois cliques

Algumas histórias parecem desafiar as máximas da cautela e do bom senso quando iniciamos um relacionamento. A teoria de que é necessário um bom tempo para se conhecer alguém e tomar uma decisão mais importante não vale nada em alguns casos.

Priscila era de Marília. Waldir, de Sorocaba. Moram hoje em Jundiaí (são todas cidades do interior de São Paulo). Entre o primeiro contato pelo site e sua união, passaram-se apenas duas semanas. Ela deixou emprego e mudou de cidade para ficar com ele. Estão juntos há dois anos e casados há um ano. Já tiveram um filho.

Esse caso será contado com um depoimento individual de Priscila e outro de Waldir, para mostrar como cada um viveu o seu lado.

## A história de Priscila

Priscila, 29 anos, cadastrou-se no site em 2006. No dia 4 de maio de 2007, recebeu um e-mail de Waldir que chamou a sua atenção. Começaram a conversar pelo Messenger.

*Ele foi muito sincero sobre sua vida e o melhor de tudo foi que não pediu para me ver na webcam como todos faziam.*

*Eu estava passando por momentos difíceis, tinha saído de um relacionamento complicado e isso fez com que eu me apegasse mais a Waldir.*

*Ele disse que viria aquela semana para Marília, e combinamos de nos conhecer. Não costumo confiar em ninguém, principalmente pela internet. Ele pediu meu telefone, não passei, mas peguei seu número. Tive medo de me iludir, pois tenho uma filha do meu primeiro relacionamento.*

No dia 12 de maio eu estava na casa de uma amiga falando sobre ele. Resolvi dar um toque no celular dele, mas um toque só, pois se ele tivesse realmente a fim retornaria a ligação. Foi o que aconteceu, ele me retornou e, na brincadeira, perguntei se ele sabia quem estava falando. Ele disse meu nome sem nunca escutar minha voz, ou seja, já estava esperando uma ligação minha!

Marcamos de nos conhecer à noite, e ele desligou. Nossa, acredito agora em amor à primeira vista. Nos demos tão bem, parecia que já nos conhecíamos há longos anos. Nos vimos também no dia seguinte, um domingo.

Naquele dia ele voltou para Sorocaba. Durante a semana ficamos horas nos falando. Fui passar o outro fim de semana na casa dele em Sorocaba, ou seja, nos conhecemos no dia 12 em Marilia e no dia 19 nos vimos de novo em sua cidade.

Fui embora com o coração doendo, já queria ter ele sempre a meu lado. Ele me chamou para morar com ele. Disse que tinha tudo pronto e só faltava a mulher (risos).

Foi uma semana de decisões, eu quase não dormia pensando se aceitava ou não. Decidi que sim, e no sábado, dia 26 de maio, fui de mala e cuia morar na casa dele. Levei cachorro, hamster e peixes. Ele aceitou tudo numa boa, incluindo minha filha...

Em junho de 2007 noivamos e decidimos ter mais um filho. Em dezembro engravidei. Em março de 2008 nos casamos, e em agosto nosso filho nasceu. Foi tudo muito rápido, mas estamos felizes e posso falar com toda certeza que encontrei definitivamente minha alma gêmea.

## A história de Waldir

Waldir, 45 anos, passou por um casamento de 18 anos que terminou em 2001 e uma relação de três anos que terminou em 2007, da qual teve uma filha.

Cadastrou-se primeiro com um perfil "*fake*", buscando somente saber como funcionava o site.

*Passou uma semana e nada, nenhum recado. Passei a entender que foto era importante, e que o site era sério. Fiz um perfil novo, com informações verdadeiras e com minhas fotos. Em uma semana recebi 105 e-mails e fiquei super feliz.*

*Vi ali um caminho para conhecer pessoas e me relacionar. Conheci algumas mulheres legais, outras malucas.*

*Minha mãe estava se recuperando de um tratamento em Marília. Como teria que buscá-la no fim de semana, busquei no site mulheres de Marília. Verifiquei vários perfis e enviei e-mail para as de que mais gostei, buscando um contato.*

*Isso ocorreu no dia 4 de maio de 2007. No dia 12 fui para lá. Liguei para Priscila e passei meu celular, porém ela não quis passar o dela, disse que me ligaria.*

*Um dia antes minha mãe me ligou dizendo que queria ficar mais uma semana e pediu que eu fosse buscá-la só no outro fim de semana. Eu na hora disse: "Que nada mãe, neste fim de semana quero estar com a senhora e tenho que conhecer uma pessoa daí".*

*Chegando em Marília, o celular tocou... Somente um toque, mas o suficiente para registrar o número no aparelho. Liguei de volta, ela atendeu e foi aí que ouvi pela primeira vez sua voz.*

*Saímos para jantar e a Pri, desconfiada, não foi só, levou uma amiga.*

*Durante a semana ficamos trocando e-mails e marcamos de ela vir para Sorocaba para conhecer minha casa, meu trabalho e minha família.*

*Ela veio, mais uma vez acompanhada, agora de seu irmão Renan, e foram muito bons os momentos que passamos juntos.*

*Voltaram para Marília, e durante a semana convidei a Priscila para morar comigo. Ela nem dormia, todos os dias me dizia que tinha passado a noite inteira sem dormir, pensando na proposta...*

*Na quinta-feira veio sua resposta: "Venha me buscar, estou pronta para ir". Foi uma alegria só, pois eu via nela minha verdadeira esposa. Na sexta-feira eu já estava em Marília, pegando tudo o que ela pretendia trazer, cachorro, peixes, hamster, a filha e seu irmão menor...*

*Da noite para o dia minha casa estava novamente cheia, uma família ali se formava. Somos uma família linda, e bastaram dois cliques para chegar onde chegou!*

*Valeu a pena? Valeu minha vida!*

## José Bento e Beatriz, sem medo de ser feliz

José Bento, 73 anos, divorciou-se quando tinha 56 anos. Conheceu várias pessoas, mas teve apenas um relacionamento mais sério, que durou dois anos. Um dia descobriu que estava apaixonado pelos filhos da mulher e não por ela.

Seus relacionamentos não davam certo, pois *"projetava o que queria ver na pessoa e depois me decepcionava".*

Não tinha computador em casa. Um dia, na casa de uma filha, resolveu entrar na internet e escolheu um site de uma revista masculina. Acabou clicando no link de um site de relacionamento e começou a preencher os dados que pediam. Acabou se cadastrando sem perceber. Gostou do que viu.

Começou a visitar a filha com mais frequência e a usar seu computador ou o de um cybercafé. Entrou sem foto e depois de algum tempo percebeu que não iria muito longe. Foto colocada, começou a receber e-mails.

Subtraiu a idade do seu perfil, diminuindo dez anos. Sua busca no site era por mulheres a partir de 50 anos. Em dois meses saiu com quinze delas. Ficou muito bem impressionado com o nível das pessoas: executivas, professoras universitárias e outras profissões interessantes.

Um dia, encontrou uma mulher de 54 anos, muito bonita, que lhe chamou a atenção. O primeiro e-mail enviado por ele acabou sendo mal-interpretado. Quis se fazer de pavão mandando uma foto sua ao lado de uma celebridade feminina.

Levou uma dura, por e-mail, sobre sua atitude machista. José Bento conseguiu contornar a situação e a troca de e-mails continuou. Marcaram um encontro para tomar um café numa tarde de sábado.

Ela chegou antes e o viu estacionar e entrar. Rapidamente José Bento resolveu esclarecer algo: *"Preciso confessar uma coisa"*, disse ele.

*"Você é casado?"*, perguntou Beatriz.

*"Não, mas gostaria que você soubesse das idades das minhas filhas. A mais nova tem 40 e a mais velha tem 49."*

*"Mas quantos anos você tem?"*, indagou ela.

A resposta saiu devagar: *"Dez a mais do que falei"*.

Passaram horas agradáveis naquele café.

Na segunda-feira ela ligou, marcaram um jantar, e a partir daí não se deixaram mais. Embora estivesse acostumado a viver sozinho e ter seu espaço, sente muita falta quando não estão juntos. Sua profissão faz que ela fique pouco tempo na cidade.

A integração dela à família dele foi perfeita, e o mesmo aconteceu com ele em relação à família de Beatriz.

Ele nos disse que nunca se sentiu tão feliz.

# Capítulo 7

# Algumas Palavras Finais

Em primeiro lugar, gostaríamos de agradecer a você por ter lido este livro. Acreditamos que ele vai ajudá--lo a ter mais sucesso no mundo dos relacionamentos virtuais. Entretanto não se esqueça do mundo real. A internet é apenas mais uma boa opção para encontrar alguém especial.

Cada dia é uma nova oportunidade de encontrar alguém. Você pode estar no trabalho, na academia de ginástica, na fila do cinema, no posto de gasolina, no supermercado ou no site de relacionamento. Você nunca sabe quando e onde ela apare-cerá. Mas você pode dar uma ajuda...

É preciso ter garra para olhar sua vida amorosa e tomar uma atitude a fim de mudá-la. É um grande desafio.

O importante é começar. Isso é o que nos fez buscar na internet, assim como muitas outras pessoas, um encontro on-line.

Mesmo quando sentimos que não existe ninguém para ser achado – e estamos falando das pessoas que realmente me-recem estar ao nosso lado –, tenha uma certeza: elas estão lá. Todo mundo busca a mesma coisa, um amor!

Talvez você precise ser tanto proativo como paciente, tolerante e seletivo.

Foi através dos encontros virtuais que descobrimos muito sobre o assunto. Conhecemos pessoas que jamais encontraríamos em nosso dia a dia. Isso abriu nossos olhos.

Às vezes os mais velhos estão certos, as coisas acontecem quando você menos espera. Mas também acontecem quando você espera, quando vai atrás e quando isso é o que mais quer.

Desejamos que você tenha uma ótima experiência nos sites de relacionamento. Mais do que isso, gostaríamos que você compartilhasse suas histórias conosco. Quem sabe ela não faça parte de uma próxima edição deste livro?

Boa sorte!

*Daniela e Ramalho*

**Escreva para nós:**
danielaeramalho@editoragente.com.br

"Meu coração pode ser pequeno, mas meu amor e a vontade de encontrar uma grande mulher é infinito, não vou desistir nunca de encontrar o meu amor."

*(Frase de um usuário de site de relacionamento)*

Este livro foi impresso pela
Paulus Gráfica
em papel offset 90 g.